COPA BOOKS 自治体議会政策学会叢書

地域防災と まちづくり

第6版

みんなをその気にさせる災害図上訓練

山口大学准教授
総務省消防庁消防大学校 客員教授

瀧本 浩一 [著]

イマジン出版

目　　次

はじめに

　近年多くの地域で風水害や土砂災害、東日本大震災に代表される巨大地震が発生しています。さらに今後数十年以内に南海トラフを震源とする巨大地震とそれに付随して発生する内陸直下の地震の来襲が懸念されています。これだけ災害が多くなると、災害や防災に関心のない住民でも、その心の片隅では気になってくるものです。特に地域のリーダーや地域づくりに関わる方は何かやらなくてはとの思いを募らせています。このような背景から各地域では自主防災組織の結成が進んでおり、自治体もその推進のためにあの手、この手を模索してきています。しかし、その現状は、結成率を上げることに専念され、肝心の活動の中身がわからないままでいる住民、果てはわが地域が自主防災組織を結成したことさえ、知らない住民もおります。さらに、具体的にどのように地域防災を進めたらよいかがわからない組織がほとんどで、結成率は高いが中身がない組織、活動が持続できないまま、年に1回消火訓練すらできないという組織などが多いという現状があります。

　その一方で、地域で活動している人々から「最近、まちづくりをやっても、全然人が乗ってこないね。何かいい方法ない？」という質問を受けます。そのとき、そのキーワードは"災い"ですといつも答えます。地域にとっての"災い"とは、犯罪、過疎化、いろいろありますが、地域にとって一番の"災い"は地震や風水害といった自然災害でしょう。どんなに他人ごとまかせの住民が

住むコミュニティーであっても、ひとたび地震が、水害が、地域を襲えば、大きな被害を受ける。その後の復旧過程や避難所生活では共同体意識が生まれる。つまり、災害は、地域にとって気になる共通のキーワードでもあり、地域の人々を動かす原動力ともなりうるのです。逆転の発想ですが、災害、防災が、崩壊しつつあるコミュニティーを救う手立てになるという考え方です。

　では、自主防災組織や自治会、コミュニティーはどのような手順で防災を始め、進めていけばよいでしょうか。また、それを持続するための工夫とはなんでしょうか。本書は、初版本およびその後の改訂版の内容に加え、その後筆者が毎年100を超える地域で継続して行っている講演やワークショップを通して得た新しい知見を追加して、一部バージョンアップしたものです。これまで単なる戦術的に個々の紹介にとどまっていた地域防災の進め方について、災害図上訓練や防災マップづくり等を組み合わせて、ゼロから地域防災を開始するための戦略、方法について述べていきます。これから自主防災組織をたちあげようという方、自主防災組織の活動を活性化しよう思うリーダー、自治会・コミュニティーのリーダーの方、地域活動をされている方の役に立つ内容となれば幸いです。

第１章　地域防災活動をはじめる

最初の難関は"遠ざかる地域住民"

　多くの地域で災害は発生してきていますが、地域のリーダーたちは何をしてよいかわからないのが現状です。防災といえば、「避難訓練」、「消火訓練」、「懐中電灯」など単にどこかで聞いたものを断片的に知っているにしか過ぎません。そのため、自助の部分において住民自身が対応と備えの関係、事前と事後の活動の関係、災害対応において風水害と地震の違い、予防・防災活動と減災活動の違いなどに思いを至らせることもできていません。地域で自主防災組織を立ち上げる、あるいは、地域の防災力の向上を図りたいと思う地域のリーダーの方は以外に多いですが、一方、地域では、高齢化が進み、コミュニティの運営にも高齢者が中心となってやっている現状にあります。そのため、あまり極度に加熱させるような防災推進はできない状況にあります。このように、地域防災は、まず何から始めてよいのかわからない、あるいは、やりたいんだけど、住民がなかなかついてこないんだよという悩みを持っている方も多いのも事実です。筆者が研修会等を通して地域の防災リーダーが何を悩んでいるか聞いてみると、

〈防災リーダーの苦悩〉「自主防災活動での悩みは？」
・研修会等で習得したことをちゃんと伝えられるのか

不安
・何をやってよいかわからない
・住民がついてこない
・若者が全く参加、協力しない
・構成員、住民の高齢化がすすむ
・災害時に組織が機能するか不安
・行政（担当者）の意識が低い、非協力的である

などの溜息混じりの意見が出ます。この意見は、地域が違っていようと、また筆者が防災啓発活動を始めてから何年も経過しても、その内容は未だに全く変わりません。

　ちなみに、この中の「行政の……」とありますが、主に担当者個人に対する不満がほとんどで、担当者の印象が組織全体への印象へと転化されているように思えます。（行政のみなさん気をつけましょう！）住民のみなさんも協力的な行政職員と出会えるといいですね。このようなリーダーの悩みの一つである対住民に対しての課題ですが、当の住民たちはどのように考えているのでしょうか。これまで筆者が関わってきた住民の率直な意見をあげれば、

〈住民の言い分〉「自主防災活動について思うこと」
・活動は動員をかけられて仕方なく
・災害はこないと思っている
・やりたいやつやらせておけばよい
・防災は行政の仕事、自分たちは関係ない
・しくみ、組織を勝手に決められたら困る
・災害はきてみないとわからない
・自分たちではどうせ何もできない（なぜなら天災だ

から）

　上記をご覧になっておわかりの通り実は防災組織で出
てきた問題というより、日頃の自治会活動で得られる意
見とほぼ同じです。つまり防災組織の機能不全の多くの
原因はその母体となる自治会・コミュニティーにおける
問題に起因していることがわかります。意識のある住民
はよいのですが、このような地域の活動に対して希薄な
住民たちや他人まかせで、何も関わらず何か地域で行お
うとすると文句を言ういわゆる"地域のクセ者"が強力
なブレーキとなってなかなか防災活動を始められない、
続けられないというケースが多いといえます。ここで
は、とりあえずこのクセ者は置くとして、今まで「災
害」や「防災」なんて考えたこともない人をどのように
して活動に引きずり込めばよいのでしょうか？

　普段の自治会活動であっても、住民の中には、ごみ出
し、清掃作業、会合など、忙しいという理由で、なかな
か参加してくれない人（本当は忙しくない人がほとんど
なのですが……）がいるものです。自治会活動ですらう
まくいってないのに、防災活動なんてうまくいくはずが
ないという意見も聞きます。確かにその通りで、地域住
民が率先して動く、いわゆる"健全なコミュニティー"
には"健全な防災が宿る"ということは筆者が多くの地
域をまわってみてわかっていることです。一般に、防災
の講演会や防災に関するコメントが出される時、「住民
の防災意識の欠如が問題」などとよく言われます。本当
に住民には防災意識がないのでしょうか？　例えば、有
名な芸能人の結婚や年末恒例のNHK紅白歌合戦の翌朝
に近隣住民が「芸能人のこと」、「紅白でのあの派手な衣
装の歌手のこと」を地域住民がそろって一斉に朝の会話

第1章　地域防災活動をはじめる

に出すことはありません。しかし、ひどい台風や規模の比較的大きな地震がきた翌朝の第一声はご近所でも、職場でも、「お宅大丈夫でした？」とか、「昨日の揺れは大きかったですね」という話題が飛び交います。意識のない人がこのような会話をする訳がありません。その人によって意識の高低差はあるものの、最低限の意識は持っているのです。ただ、日々の忙しい生活の中で、忙殺され、埋もれて"それ"に気づいていない、見えていないのです。

　そこで、どうせ地域の活動に問題があるなら、逆転の発想で防災・災害を話題にして住民の関心を引きつけてはどうでしょうか？　コミュニティーに参加しない住民はたいてい自分自身の心の中に利害関係を量る天秤（いいことがあるVS. ヤバイことになる）を持っていて、自分に不利益が生じないと思われるときに、無関心（聞かなかったこと、知らなかったことにしておく）を装い、それとは逆に、それに関わらないと自分自身や家庭が大変な不利益を被るような場面では、顔を出していると思います。まさに、災害もそれと同じで、場合によっては、逃げ遅れ、一家全滅、という悲劇がまっている可能性もあり、それを逆利用することで、これまでバラバラだったコミュニティーのつながりを復活させることもできるかもしれません。筆者自身が持っている大風呂敷の目標の一つは「災害・防災を通しての地域コミュニティーの再構築、再生」だと考えています。筆者がこれまで関わり、この発想に気づかれた地域の自治会長やリーダーさんたちからは、「防災といういいヒントをいただいた。」とか「最近沈滞気味のうちの地域にとって、この防災はいい話じゃ」といった声が聞かれます。

みなさんの中で自分の地域が停滞しているな。コミュニティーが元気ないなとお感じになれば、一度地域のリーダーと相談して、防災を企んでみるのもよいでしょう。その場合、行政側は地域を動かす札を持っていません。あくまでも公助で、後方から見守るしかありませんので、地域を動かす切り札を持つあなたも含め、心当たりのある人に相談してみましょう。

2 危機管理の考えって？

　防災と簡単に言いますが、その根底には危機管理という考え方があります。「危機管理」という言葉を聞くと、途端に眠くなる人がいるのですが、それだけ普段は考えない、難しいという印象があるのでしょう。危機管理については、いろいろな本が出ているので、詳しい手法はそちらに譲るとして、ここでは、危機管理の概念、考え方についてお話します。まずは、危機管理を真面目に表現すれば、下記の通りです。

危機管理とは？
一、時（いつ）と場所（どこ）を選ばずに発生する緊急
　　事態を予知・予防する。
一、緊急事態発生時に迅速に対応して被害を最小限にと
　　どめる。
一、円滑、迅速に復旧、復興を行う。

　「危機管理とは」をこうして書くと、なんだか難しく、そんなことをいちいち考えて生活できないよと言われてしまうかもしれません。しかし、これは普段みなさんが

やっていることですね。その一例をあげます。冬の時期になってくると、インフルエンザが流行し始めますね。当然読者のみなさんもインフルエンザにかかるのは嫌ですね。（特に、体力のない高齢者は亡くなることもありますから注意が必要です。）では、それに対して、どうするのかというと、みなさんはインフルエンザの予防接種をするのではないでしょうか。なぜ予防接種するのですか？　それは、「いつ」、「どこで」、誰にうつされるかわからないインフルエンザを予防しないといけないからですね。これが、危機管理とは？　の第1行に書いてある考え方です。

　そうは言っても、インフルエンザウイルスには型がありますから、それに対するワクチンも残念ながら当たり外れがあり、かかってしまうことがあるかもしれません。

〜ある朝の奥さんとお父さんの何気ない会話〜
妻「お父さん、どうしたの？」
父「いや、熱がかなりあるみたいで、これは普通の風邪じゃないな」
妻「あ、インフルエンザだ。お父さんインフルエンザかもしれない。もう、みんなに近づかないでちょうだい」、「いいから早く病院に行ってきなさい」

というわけで、仕事を休んで（パチンコ屋の新装開店を待つときのように）朝一番から病院に行くお父さん。そして、インフルエンザの検査を受けて……

医者「ああ、これはインフルエンザですね。至急点滴をします。抗生剤も処方しますから。用心してください

ね。お大事に。」

　まさに、この風景とお父さんがとった行動が、危機管理とは？　の2行目にあたる「迅速に対応して被害を最小限にとどめる。」なんですね。インフルエンザは放っておくと、通常の風邪と違い、重篤な状態になることがありますから、それ以上症状が悪化しないように迅速に治療する必要があるわけです。

そしてその後……
〜ふとんで寝ているお父さんと奥さんとの会話〜
父「もう仕事を3日も休んだし、職場に戻らないとまずいな」
妻「もう家に病人が長くいて、ただでさえうっとうしいから、早く元気になりなさいよ。あなた早く職場に戻ってくださいね。」

「仕方がない、お父さんが早く元気になるように今夜の晩御飯は"ウナギ"と"スッポン"の料理を用意したから…」
父「……？」

つまり「早く元に戻りなさい、回復しなさい」と言っているのです。危機管理とは？　の3行目にあたるのがこれです。

つまり先の3つを要約すると危機管理の基本は

「予　防」
「応急対応」

「復旧」

となり、現に国や地方自治体の防災計画もこの構成で作成されていますが、こうしてみると普段の生活で、われわれはちゃんと考えてやっていることなんのですね。これ以外にもありますよ。職場でコンピュータウイルスに感染しないように仕事で使っているパソコンにウイルス対策ソフトを導入している事業所が多いと思います。いつ、どこから侵入してくるかわからないコンピュータウイルスを防ぎ、もし、感染すればすみやかに駆除、もし、データが破壊されれば、復元する。これも危機管理の3つの考え方に則してやっているのです。ただ、あらためて危機管理の考え方だと意識していないだけです。このようなケースのように「危機管理とは」と言わずに肌でそれを感じて皆さんがやっていることなのです。

ところが、全く危機管理を意識せずにそれを普段やっているのに、なぜか危機がインフルエンザではなくて、自然災害となったとたん危機管理、そしてその一部である防災がわからなくなるのはなぜでしょうか？それは、毎年確実にやってきて、誰もが一度ならず二度、三度とひどい目にあうインフルエンザと違ってめったに被災することがない災害との違いなのでしょう。

③ 使い分けていますか？防災と減災！

よく災害の備えの話がでるときに「防災」と「減災」という用語が出てきます。みなさんはこの言葉を使い分けているでしょうか？

読者のみなさんがこの本を読まれている時はおそらく災害は来ていないと思います。しかし、図1のように将来必ず災害は来るものです。先ほどインフルエンザを例に危機管理の説明をしましたが、ここでいう災害をインフルエンザとするなら、もしインフルエンザにかかったら病院に行って処置してもらう訳ですが、お医者さんに診てもらった瞬間にインフルエンザウイルスが消滅するものではありません。あくまでもきつい諸症状を緩和してもらいます。つまり、それらを減じてもらいます。これが減災の考え方です。災害がきた以上、それ以上悪化させないように活動する。これが減災の考え方です。

　一方、防災はその頭に"防"の字をいただいています。この"防"がすなわち、先の予防の"防"にあたる訳です。インフルエンザにかからないように手洗いやうがい、予防接種（ここにも"防"）をして努力をするのです。つまり"防"には事前の行いで被害を0にしたいと

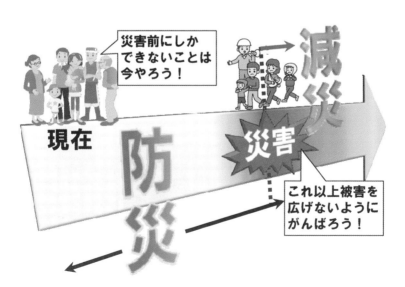

図1　防災と減災のイメージ

いう気持ちが入っており、それになる前にそうならないように前もって備えて努力をするという考え方です。例えば、地震に対する家具の固定がそうですね。しかもこの“防”は災害前にしかできない行為です。インフルエンザにかかってから予防接種をしても手遅れですね。しかし、現在全国で行われている救助訓練や初期消火訓練、救護訓練などは減災活動の練習なのです。このような訓練しか行っていない地域を例えるなら、

「院長先生、私はインフルエンザに備えた手洗いやうがい、予防接種なんか不要なんだよ。なぜだかわかりますか？それは、病院の行き方を練習しているから……」
となります。

普段から予防を意識して健康に留意し、定期的な健康診断を受けていれば別ですが、そういう努力を何もせずに腹部に激痛を感じてから、病院に行っても、実は末期の胃がんだったということになります。まさに、今の“防災”と称した“減災活動の練習”だけでは、災害＝病に勝てないことがおわかりになると思います。

では、改めて、災害とは一体何ものでしょうか？
実はこれです。

④ 災害は“幽霊”！そこに潜む“幽霊”を見つけよ！

“幽霊です。”この話を講演すると、たいてい聴講者は一瞬シーンとなり、キツネにつままれたような顔をしますね。そうなのです、災害・防災に共通するキーワ

（1） 日々の生活の場のとき 　　　（2） 地震発生時の生活の場

図2　室内にひそむ危険

ードは"幽霊"なんですね。何を言ったのか、その正体をお話しします。

　災害・防災がなぜ幽霊なのかということを具体的に説明します。図2（1）を見てください。ある家庭のどこにでもある茶の間の風景です。家族は、普段は忙しく、この茶の間という場（空間）で生活を繰りひろげています。朝には窓を開けてお母さんが洗濯物を干しているかもしれません。そして、正面にテーブルがありますが、夕方になると、学校から子供が帰ってきて、このテーブルでおやつを食べて塾に行くかもしれませんし、塾に行かずにその横のテレビで人気のTVゲームで遊んでいるかもしれません。あるいは、夜残業して疲れて帰ったお父さんがテーブルで遅い夕食をとっているかもしれません。このように日々生活をしている中で、ここに見えていない"潜んでいるもの"があります。仮に、この家庭を大きな地震が襲ったとしましょう。そうすると、図2（2）のようになってしまいました。ここで、もし、前述のように、お母さんが、子供が、お父さんが、同じ生活をしていたとすれば、ガラスで負傷したり、テレビや

食器棚の下敷きになっていることでしょう。災害・防災は幽霊で、それは普段は見えないと繰り返し説明してきました。この例のように、その時になって初めて実体をあらわし、災害前の段階ではそこに幽霊が潜んでいるにもかかわらず、それが見えていないんです。でも、どうでしょう。図2(2)のことが起こることがわかれば、こうならないために何をなすべきかわかると思います。食器棚やテレビを固定する。ガラスに飛散防止フィルムを貼るといった防災対策とそのための活動ができます。見えないものを事前に見ようとする力、具体的には、災害、防災の基礎的な知識の上に立って得られる災害イメージとそれに対する具体的な防災対策を考える。これが防災の考え方の基本です。ですから、"防災といえば、家具の固定"ではないんです。固定する必要があるから固定するので、固定の必要がない場所なら固定する必要はないのです。

　次に、自分の家庭からもう少し視野を広げて、みなさんの地域をみてみましょう。図3(1)をご覧ください。

　(1)　日々の生活の場としての街　　　(2)　水害時のときの街

図3　災害前後のまちの変化

これも同じく普段みなさんが生活している街だと思ってください。朝になれば「行ってきます！」と子供が学校へ行く。お父さんは会社へ、飲み屋？　へ行く。先ほどの例と全く同じで、日々忙しく生活していますが、それは確かに潜んでいます。もしそれが来たとき、どうなりますか？　大雨が降ったら、図3 (2) のように浸水してしまう。近年、全国の自治体で洪水ハザードマップが整備されつつありますが、このマップは、このように見えないものをわかりやすく表示している図というわけです。一方、地震が来たらどうでしょう？　ブロック塀は倒れ、火災が起き、山が崩れる。しかし、普段は見えないのです。繰り返しになりますが、防災の基本は見えないものをなんとか見ようとすることで、「今ここで災害が起こったときに、わが街は一体どうなるのか？」を考え、どうなるのかがわかれば、「どうすればよいのか」、「今だからできることはないのか」、「前もってやっておくべきことはないのか」を考えることができるのです。

⑤ 潜む幽霊に対しては"どこが"と"いつ"で考える

　災害は普段幽霊のようにその姿を見ることができません。つまり、そのような災害の危険性、すなわち災害リスクは普段隠れており（潜在化の状態）、あるとき、化け物のように現れる（顕在化、発現する）ものです。これが災害・防災をわかりにくくし、防災意識の高揚が進まない最大の理由です。

　では、どうすれば、よいのでしょうか？それは、みえないものをある観点で見ようとする努力が必要ということになります。すなわち、とらえるべき観点は、それが

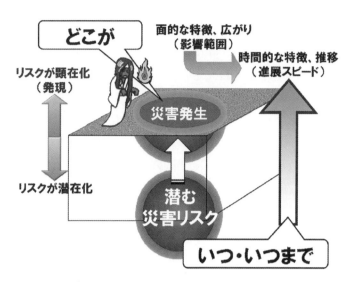

図4　面と時間でとらえる災害リスクのイメージの図

　顕在化（災害が発生）したときに、その発現によって影響を受ける範囲と、それが発現するまで、あるいは発現してからそれが進展するまでの早さとしておさえる必要があります。つまり、図のように「面（どこが）」と「時間（いつ・いつまで）」という2つからとらえることになります。

　ここで、重要なのはそれが現れてから（お化けが突然現れてびっくりした）では、手遅れです。先に説明した通りそれが出現する前に、そこにその存在があること知り（見透かすこと）、心の準備（対策・備え）が必要となります。つまり「どこが」で考える訳です。たとえば、海や川があれば、浸水するというリスク（潜在的な危険性）が存在します。どこが危ないでしょうか？どこなら安全でしょうか？例えば、事前にその影響範囲を表したものがいわゆる「ハザードマップ」になります。地震であれば、想定震度を表したマップ「揺れやすさマッ

●地域防災とまちづくり─みんなをその気にさせる災害図上訓練─

プ」がこれにあたります。ちなみに、ここで重要なこと
は、自治体が災害ハザードマップを整備して住民に配布
していますが、それは単なる「広報活動」であって、
「啓発活動」にはなっていません。災害図上訓練DIGな
どを通してこれらの使い方を伝えていかなくては、いつ
までたってもハザードマップはただの紙切れになってし
まいます。

　次に、幽霊の出没する範囲がわかれば、実際にそれが
発生していく時間的な推移をとらえなくては、住民は避
難のタイミングを逃したり、対応の手順がわからなくな
ったりすることになります。つまり時間を意識した「い
つ、いつまで」で考えます。例えば、地域でも最も行っ
ている避難訓練は「どこが＝避難場所、経路の確認」と
「いつ＝避難場所までどのくらい時間がかかる」を現場
で検証しているに過ぎません。

　以上のことを災害の前の日常で考え、実行し、ひとた
び災害が起これば被害を最小限にとどめ、復旧へむけて
活動すること。これが地域防災、自主防災の基本的な考
え方となります。

　さぁ、読者のみなさんの家の中、住んでいる街に潜む
“幽霊” は見えていますか？

第2章　地域防災の考え方、すすめ方

① 地域防災の考え方

　防災は"幽霊"というお話をしました。地域防災を行うとは、まさにみなさんの地域に潜む"幽霊"を「どこが」で探し出し、それが実体を表した場合（災害発生時または直前）に、「いつ・いつまで」を念頭に迅速に対応すべく、事前の備えや改善、対応する際の手順を考えること、です。そして、そのために必要となる組織について検討していくことです。現在多くの自主防災の組織は行政から提示された組織の結成例や他地域で先行して結成している自主防災組織の組織編成をそのままコピーしてきて、それをそのまま採用する例も多く、本当にその地域で必要となる活動と組織とのマッチングがとれずに、活動が持続できないでいる例も多くあります。では、そうならないためにはどうすればよいでしょうか？先の幽霊探しの考え方をベースに説明していきます。

　ここでは進め方の戦略と大まかな流れについて説明し、個々の詳細は次の章からそれぞれ説明していきます。活動の流れは分かりやすく表現すると、すでに図4に示した通り大きく分けて「どこが」と「いつ・いつまでの」の2つの段階に分かれます。さらに、その前提となるのが、「地域の災害観」を理解してもらうことが大事です。順に説明していきましょう。

まず、この最初の「災害観」ですが、これは地域で発生する恐れのある災害を見たとき、「災害の種類（地震、風水害、土砂災害……など）」と「その発生頻度」、「発生した際の激甚さ」から考慮して、地域でまず優先して行うべき災害の種類と災害の様相を理解することです。つまり、これから活動をする大前提となる災害を住民どうしで共有し、定着させることが必要です。

　次に、「どこか」についてです。その際、考える発想は、「防災」という言葉です。つまり"災い"を"防ぐ"という訳ですから、この言葉通り「災」⇒「防」の発想となります。

〈どこが：自分の住んでいる家・職場・地域について知ろう（一例）〉
◎水害・土砂災害に対して（洪水・土砂災害・高潮等のハザードマップの活用）
・ご自宅・職場・地域は最悪浸水する範囲にあるか？またその程度は？
・ご自宅・職場・地域に土砂災害の危険性はあるか？
◎地震について（ゆれやすさマップ、津波ハザードマップを活用）
・ご自宅・職場・地域の建物は耐震性があるか、家具類を固定しているか？
・ご自宅・職場・地域で道路閉塞や火災が延焼しそうな箇所があるか？
・ご自宅・職場・地域は津波浸水範囲に入っているか？
◎災害全般
・自宅・職場の周囲、地域で、災害時に特に危険となる箇所はないか？特に避難の妨げになる箇所はないか？

◎防ぐ、逃れるためには
・どうすれば被害が出ないようにできるのか？
・どうすれば被害を最小限にできるのか？
・どうすればそこから逃れることができるのか？
・どうすれば困らなくてすむのか？
・そのための事前の対策や備えは？

　次は、「いつ・いつまで」について説明します。詳細は第6章で説明しますので図18を参考にお読み下さい。実は「いつ・いつまで」の観点からいうと、地震と風水害は別々に考えることになります。よく災害全般として、風水害と地震の両方に対して備えるよう一括して指導する方がおられますが、これは誤りです。つまりその"災い"の幽霊の出方が両者で異なるものに対して同じ感覚では備えができないのです。まずは地震ですが、これは"突然"にやってきます。地震と同時に被害が多く発生し、時間経過とともに終息へ向かいます。つまり、幽霊が出現して、それが波及、進展する中で、我々は、それに対して種々の状況に応じて後追いしながら事後対応を行うという特徴を持っています。しかし、ここで重要なのは地震発生後の対応も重要ですが、その時、その対応が可能か否かは、それに備えての事前の対策の有無が大きな部分を占めているともいえます。つまり地震は最初の一撃で勝敗が決まる訳です。

　ただし、地震のみの災害であれば、地震後にひたすら対応を続ければよいことになりますが、将来来襲する東海・東南海・南海地震など地震後に大津波が襲ってくるのであれば、地震の後に2つ目の命に関わる山がやってくる訳です。まさに、地震発生と同時に命の砂時計の砂が落ちながら静かにその時を刻んでおり、この間の時間

的な感覚、尺度が頭に入っていないと、津波から逃げ切れないということになります。

　次に、台風や前線活動による豪雨は地震とは異なり、まだ幽霊が見えていない段階での対応を検討することになり、事前に被災イメージを持って、判断する基準を設けていないとその対応は難しく、決断の可否は自主防災組織リーダーの経験値に左右されてしまいます。なお、近年の短時間の集中豪雨（俗にいうゲリラ豪雨）の発生ともあいまって、住民の避難の開始のタイミングを逃したり、行政の対応が間に合わない場合があります。特に短期集中豪雨の場合には、むしろ雨による事前対応というより、自分自身で鉛直避難をしたり、山側から離れた2階以上の部屋に逃げるなど自助による命を守る行動しかとれないケースも増えています。

 ## 地域防災の具体的な すすめ方

　次に、地域防災の具体的な進め方について説明します。大ざっぱなすすめ方は

　　災害観　⇒　どこが　⇒　いつ・いつまで

でした。さらに、これらに加えて、「どこが」を検討するにせよ、住民が集まって議論する"机上での検討"と屋外の"現場での活動"の2つが必要となります。つまり、「どこが」と「いつ・いつまで」について"机上"と"現場"をそれぞれ組み合わせることになります。これらを組み合わせると図5に示すように、それを動かすために必要な防災活動の手法を導くことができます。で

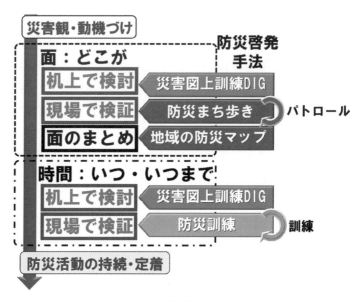

災害観・動機づけ

防災啓発
手法

面：どこが

机上で検討 ← 災害図上訓練DIG

現場で検証 ← 防災まち歩き　パトロール

面のまとめ ← 地域の防災マップ

時間：いつ・いつまで

机上で検討 ← 災害図上訓練DIG

現場で検証 ← 防災訓練　訓練

防災活動の持続・定着

図5　地域防災のすすめ方

は、地域防災活動の具体的な流れをこの図に沿ってみていきましょう。

　まず、災害観については、専門家による講演や行政が出したパンフレット、ビデオ、防災担当者や消防職員による出前講座等を活用するとよいでしょう。これは言い換えれば、住民にまず危機感を与えるいわゆる「揺さぶり」ともいえます。みなさんがインフルエンザ対策するのも以前にそれにかかって、ひどい目にあっているから、危機感が出てくる訳です。災害は必ず襲ってくる。特に、わが地域では将来このような災害に見舞われる可能性があるなどを住民に知らせ、そのための解決策としての今から行う地域防災が必要不可欠であることを伝えてください。

　次に、「どこが」として地域を知る活動をする必要が

あります。これを行う"とっかかり"として最適な方法に本書での説明の中心となる災害図上訓練DIGがあります。DIGの詳細については、第4章で紹介します。まずは机上で行う作業ですが、DIGで地域の特徴、例えば、災害時の弱いところ、避難所や防災資源等の強いところをしっかり導いて、把握します。続いて、その把握した内容が正しいか、あるいは抜けがないかを確認するために、屋外に出て地域の現場検証を行います。これを「防災まち歩き」とか「タウンウォッチング」といいます。そして、気になるところを毎年継続的に現場で確認する活動が、「防災パトロール」や「まち点検」などと呼びます。ここで注意したいのが、いきなりまちへ飛び出して、「まち歩き」のようなフィールドワークを行っている地域がありますが、地域の大まかな特徴をつかまずに活動しては、どこを歩けばよいか、どういう観点で見てまわればよいかがわかりません。つまり、隠れている幽霊を見出せません。逸る気持ちをおさえて、まずはじっくりDIGで幽霊や防災資源をあぶりだしましょう。

　以上のDIGとまち歩きで得た情報をまとめる行為として、例えば、地域の地図にそれらの情報を整理して書き込むことで、地域の防災マップができます。この詳細については第5章で説明しています。いわばこれは地域のカルテにあたるものです。病院での診察もそうですが、カルテ（防災マップ）なくして、ちゃんとした治療や処方（防災活動とそのための備え）はできないのです。

　次に、防災マップができれば、これをもとに、DIG課題検討編（詳細は第6章で記載）を用いて「いつ・いつまで」を念頭に地震や風水害を想定して、地域でどのような災害が起きたときに、どのような対応を行うべき

か、あるいは備えるべきかを検討します。このように机上検討してきた内容について、実際現場で活動をやってみる、避難してみるなど、実働訓練することで、実施の可否がわかってきます。つまり、現場での検証を行います。これがいわゆる「防災訓練」の持つ意味です。防災訓練は、消火器等の道具の使い方を"習得"に加え、机上で検討したことを"現場で検証"するためにあるのです。もし、不可能な場合には別の対策、対応方法を検討しましょう。もちろん、くりかえし確認が必要な訓練は定期的に実施しましょう。

　最後に、これら一連の流れで創出した活動や訓練を持続させるために地域に定着させる必要があります。それについては第8章で説明します。

　さて、いかがでしょうか。「どこが」から「いつ・いつまで」に向かって"机上で検討"と"現場で検証"を行うのが地域防災の流れです。そのために「どこが」と「いつ・いつまで」のそれぞれの最初に行うのが災害図上訓練DIGなのです。いわば、「どこが」と「いつ・いつまで」のサイクルをまわすいわばエンジンでいう点火プラグに相当するものなのです。実はこの流れは教育学的な考えにも合致しています。次に、それについて説明しましょう。

③ 教育手法を踏まえた地域防災の啓発とすすめ方

　次に、防災啓発を含む防災教育とこれまでお話ししてきた地域防災のすすめ方との関係についてお話しします。その前に「防災」という言葉は「情報」という言葉と同様にそれ自体実体を持たないものです。まさに幽霊

ですね。必ず何かの単語と結び付けて使用します。例えば、「学校防災」とか、「企業防災」といった具合です。このとき、初めて防災の意味が実体化します。幽霊が何かに憑りつくのと似ていますね。なぜなら、学校防災でいう"防災"と、企業防災でいう"防災"はその内容、考え方が違うはずです。つまり、防災に加えられた"企業"や"学校"の特徴そのものが防災に反映される訳です。したがって、防災教育は教育のやり方、方法が防災を支配する訳です。では、教育方法とは何でしょうか？ここで、ギリシャ語で「教育」という言葉を探すと、以下の2つが出てきます。

・formatio ＝（一方的に）仕込む、形づくる
・educatio ＝（自分自身で）引き出す

　例えば、小学生の九九の暗記などは、仕込み型（formatio）となります。その一方、引き出し型（educatio）では、受講者・参加者が主体となって能動的な立場で考え、行動するということになります。小学校の調べ学習等がこれにあたります。もうお分かりの通り何か教えようとすると、仕込み⇒引き出しの流れをとることになります。なぜなら、九九だけ覚えても、それに関する問題を自分自身で考え、解いておかないと、スーパーに行って、98円の特売の卵を3ケース買ったら、いくらになるかすらわからないということになります。ところで、現在行政が行っている防災啓発を列挙すると、

①防災講演会
②防災シンポジウム、フォーラム

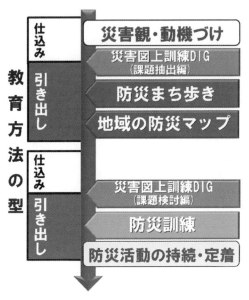

教育方法の型	仕込み	災害観・動機づけ
	引き出し	災害図上訓練DIG（課題抽出編）
		防災まち歩き
		地域の防災マップ
	仕込み	災害図上訓練DIG（課題検討編）
	引き出し	防災訓練
		防災活動の持続・定着

図6　地域防災流れと教育手法

　③防災ワークショップ
　④防災訓練

となります。ここで、先の「仕込み」と「引き出し」を
踏まえて、防災啓発の特徴と効果を考えると、①や②
は、主催者が一方的に伝える「仕込み型」といえ、きっ
かけづくりや意識を高めるという点ではよいですが、受
け身的な防災啓発のみでは、行動には結びつかず、地域
の防災力の向上にはつながりません。したがって、毎年
自治体主催の防災講演会やシンポジウムを繰り返しても
住民の防災力の向上と活動の実質化につながらないこと
がおわかりになると思います。
　ここで、先ほど説明した防災の進め方もこれに合わせ
ると図6のようになります。まず、講演や説明などを通

じて災害観を伝えるのは一方向です。さらに、災害図上訓練DIGの最初では、参加者に地図を見てもらって、危険箇所や避難所等を色塗りさせます（詳細は4章で説明）。つまりこれらは"仕込み"です。しかし、参加者が色を塗ったり、シールを貼ったりしながら、そのうち自分たちで気づき、考え始め、意見を出しあうように次第に"引き出し"に代わっていきます。そしてその後、実際に地域を歩いて発見し、それらを防災マップづくりへと発展させていきます。一方、「いつ・いつまで」においても、最初は台風が来たら？大きな地震が来たら？という想定を与えます。つまり"仕込み"です。その後、住民参加者がどう対応すればよいか、備えには何が必要かなど自分たちで考え、それを防災訓練で検証するという"引き出し"へと導かれていきます。

このようにみなさんにご提示している地域防災のすすめ方は"仕込み"と"引き出し"という教育の考え方の流れにも則しているのです。

ちなみに、このやり方は何か似ていると思いませんか？　そう、地域防災は"酒づくり"と同じなのです。いいお米といい水、そして麹で仕込み、後はお酒自身が美味しさを引き出していく。たまに、よい発酵を促すために杜氏が棒で酒をつつく。まさに、この杜氏役が地域のリーダーのみなさんであり、地域ごとに異なるいい地酒（防災）ができるというわけです。

渦中に身を置かなくてはわからない

防災は字の通り災いを防ぐと書くわけですが、人は実際に災いに遭ってみないと、備えの重要性がわからない

性質の動物です。小さい時に痛い目にあったから包丁やナイフの取り扱いを注意するのと同じです。災害を経験しないとわからないところがあります。しかし、それでは人にとって最も大切な命を落とすことになり、その後の備えの必要そのものがなくなってしまいます。そこで、仮でもいいので仮想の災害を設定し、困ってみることで、必要な備えや準備がわかるのです。それが後に説明する災害図上訓練の必要性の意義といえます。また、防災研修の受講生に伝えているのが、もしその地域で最悪震度6強以上の地震の発生が予想されているなら、どのようなことが起きるかについて結果はわかっていると伝えています。もし、都市部でそのような地震が発生したとき、どうなるかを知りたければ「阪神・淡路大震災」の災害写真集を見てください。もし、中山間地域の方なら「新潟県中越地震」を、南海トラフの津波地域ならば「東日本大震災」の写真集をみてください。そこには尊い人命と引き換えにして得られた貴重な答えが書いてある訳で、言い換えればもしそうなりたくなければ、今からその時まで少しずつでもいいので、どのようなことをすればよいかわかります。言ってみれば、この種の災害写真集こそ地域で防災に携わる方々にとっての教科書だといえます。ちなみに、未来がある程度わかっていて、それに向けて事を進めることを"バックキャスト"といいます。ちなみにその逆は「明日の天気は？」でよく使う天気の予測"フォアキャスト"といいます。図7のように地域防災はまずはバックキャストで少しずつ、地域の改善と準備をしていってください。そのために、未来の災害をあえて今起こして準備をするのが"災害図上訓練"の役目でもあります。

では、本章で説明してきた地域防災の流れの中の地域の災害観、災害図上訓練DIG等のについて、次の章から順に詳しく記述していきます。

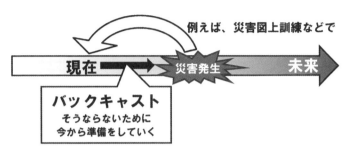

図7　バックキャストと災害図上訓練

ここで、ちょっと一息

〜防災と政は切っても切り離せない？〜

　学問の神様といわれる菅原道真はみなさん御存じでしょう。彼は当時でいう公務員試験にあたる「方略試」を受験しました。試験問題は2問あり、そのうちの1問がなんと「地震について書け」だったんですね。あの当時でも政（まつりごと）に関わるものは地震について知っておく必要があったわけで、道真さんも解答して（点数は怪しい？）、後の歴史を作ったのですね。

第3章　地域の災害観

① "災い"があるから"防災"をやる！

　前の章では地域防災事始めと題して、そのやり方の概略をお話しました。そして、それを始めるには、適度な"揺さぶり"が必要であることも述べました。では、実際に活動を始める、住民に対して参加を呼びかけるために、住民に伝えるべきことを述べていきます。

　「防災」というのは漢字を見れば、"災害を防ぐ"と書くわけですから、災害のない国であれば、あるいは地域であれば、防災を行う必要はないわけです。では、その災害の定義とは何でしょうか？　例えば、ここに山があり、がけが崩れました。ただ山が崩れたということだけをとらえたのであれば、これは「災害」ではなく、単なる「自然現象」です。極端な例でいいますと、天空に浮かぶ月がありますが、月にも地震があります。月震といいますが、仮に月のクレーターの崖が壊れたとします。それも災害ではなく、自然現象です。なぜなら、月には住民が住んでいるわけもなく、都市も社会もないからです。では、次に、先に述べた山が人の所有である、あるいは、山の麓に人家が建っていたとしたら、どうでしょう。これは「災害」です。つまり、起こっていることは、自然現象、物理現象ですが、そこに、社会、人の暮らしが存在したとき、これら「現象」が「災害」と名前を変えます。地震はどうでしょう？　地震そのものは地

面が揺れるという単純な現象それだけです。そこに建物が建っていれば、山がくずれれば、液状化が起これば、地震災害となります。同じように浸水とは何かというと、それは川や海から水があふれて水浸しになる現象のことです。そこに都市があれば、人的、物的被害を出すことがあります。要するに災害はその現象を受ける社会や地域性によって大小様々な災害を発生させるのです。ですから、この災害に備える防災を考えるとき、地震や水害などの基礎的な知識と対象となる地域がどのような特徴（地形、都市の規模、過去の災害履歴、高齢化、コミュニティー度……）を知ることが、とても重要です。

災害の百貨店「日本列島」

　皆さんもご承知のとおり日本という国は「災害大国」です。良い例えではないですが、日本列島はまさに災害の百貨店ともいえます。地下の食料品売場から始まって1階の婦人靴売場から、屋上の遊戯施設まで、というように、「地震災害」、「浸水害」、「土砂災害」、「高潮災害」、「火山災害」、「竜巻」等々多くの種類の災害が日本で発生しています。竜巻も？　と思われるかもしれませんね。竜巻といえば、アメリカ映画「ツイスター」が連想されるように竜巻の本場はアメリカというイメージがありますが、近年主だったものでも、2004年佐賀県南部、2006年北海道佐呂間町、宮崎県延岡市などを竜巻が襲い、人的、物的被害を出しています。日本という国土は温帯気候につつまれ、季節風の影響を受け、四季がはっきりしている美しい国ですが、それは言い換えれば、温度変化があり、春と夏、夏と秋には多くの雨が降

り、加えて、夏から秋にかけては台風が通過する場所にあります。このように常に災害を引き起こす可能性のある場所に日本があるといえます。特に、近年は地球の温暖化の影響を受け、春と秋が短く、"非常に暑い"と"非常に寒い"という気象が両極端に発生しています。その差があればあるほど両者の衝突で災害が激甚化する傾向にあるともいえます。美しい日本の山々、入り組んだ海岸線は観光地にもなりますが、これも言い換えれば、地殻変動による隆起と激しい侵食により形成された産物であることを考えれば、"美しい風景"と"災害"とは表裏一体の関係にあるといえます。

　このことから、日本でも有数の観光地（温泉、山、川……）は他の地域以上に防災に敏感でなくてはなりません。特に、今後災害が増えることがわかっている中で、災害時にはそこにいるのは地域住民ばかりではなく、地理不案内で右も左もわからない、いわゆる災害時要援護者ともいえる"観光客"ばかりです。ですから、これからの観光地は当然集客のための工夫をしつつも、何かあっても安全であり、安心して、泊まれる、遊べるを、それを地域の"売り"にすべき時期に入っています。このように、もはや観光振興ですら、防災を避けて通れない時代に入ったといえます。

③ 雨の災害

　現在、マスコミ等でもさかんに話題にとりあげられているように、地球が今温暖化しています。その結果として、台風は大型化し、激しい集中豪雨が襲います。平成

16年に発生して犠牲者を出した福井豪雨（時間雨量が美山町で96ミリ）、新潟豪雨（1日の雨量が栃尾市で421ミリ）から、毎年全国各地で豪雨災害が発生しています。国土交通省によれば、例えば平成18年以降の10年間で全国1,741市区町村のうち、約半数の地域で10回以上の水害が発生しています[1]。また、近年土砂災害による犠牲者の数も増加傾向にあります。ここ数年の状況をみても、2019年9月の佐賀県での水害、2018年7月に岡山県、広島県、山口県、愛媛県を中心に死者行方不明者が200名を超える西日本豪雨災害が発生しています。さらに、2017年7月には福岡県筑後地方を中心に九州北部豪雨災害、2015年9月関東・東北豪雨により常総市を中心に大規模な浸水被害が、2014年8月には広島市で74名の犠牲者を出した大規模かつ複数箇所での土砂災害がありました。このように毎年どこかの地域が豪雨による水害や土砂災害により深刻な人的、物的被害を受けています。特に、近年は梅雨前線に加え、8月末から9月にかけての秋雨前線の活動において梅雨末期に近い激しい雨も降る傾向にあるようです。

　また、台風についてもその進路にあたる日本より南の海水温が毎年高い傾向にあり、日本近海まで台風は猛烈に発達するようになりました。さらに、現在夏から冬への移行が早く、発達した台風から流れる温かく湿った空気と北から流れ込む強い寒気がぶつかりあい、台風から離れていても局地的な豪雨災害が発生しています。例えば、2010年の奄美大島や2011年の紀伊半島、2013年の京都や伊豆大島での豪雨災害がこれにあたります。このようなこれまで経験したことのない猛烈な雨が台風接近前に降る恐れがあります。また、2016年の台風10号ではこれまで台風被害とは縁がなかった北海道と東北北部

を中心に大きな被害が生じました。このように河川を有する地域であれば河川堤防が破堤しての広範囲に浸水（外水氾濫）、山があれば大規模な土砂災害、海岸近くの地域であれば台風による高潮災害（海水を寄せて、上げての現象）がみなさんの地域を襲わないという保証はもうどこにもありません。しかもそのリスクは年々高まり、激甚化の傾向にあります。

　では、大雨にどう備えるかですが、地震に比べ、気象情報や防災情報については知っておくべき用語が多いといえます。これは災害発生前に伝える情報の種類が多いことに起因しています。例えば、雨の降り方についてだけでも様々な用語がありますが、その中で雨の降り方を表わす用語に時間雨量というのがあります。時間雨量とは、ある時間内にどのくらいの雨が降り、その水が流れ去らずに地表面を覆った水の深さをいいます。

表1　雨の強さとふり方[2]

1時間雨量（ミリ）	予報用語	人の受けるイメージ
10以上～20未満	やや強い雨	ザーザーと降る
20以上～30未満	強い雨	どしゃ降り
30以上～50未満	激しい雨	バケツをひっくり返したように降る
50以上～80未満	非常に激しい雨	滝のように降る（ゴーゴーと降り続く）
80以上～	猛烈な雨	息苦しくなるような圧迫感がある。恐怖を感ずる

　1時間に1センチ溜まれば、10ミリの雨、5センチだと50ミリの雨となります。表1に気象庁が出している1時間雨量と人の受ける降雨のイメージとの関係を示します。防災の観点からみると、時間雨量で30ミリを超えてくると、災害への注意が必要になります（ただし、1

時間といっても降り始めから雨の降り方は変化するので注意が必要で、また、それまで降った雨量との関係で少量の雨でも災害に結び付くことがあります)。さらに、1時間に雨が50㎜を超えると、災害への危険性が高まり、一般に市街地では側溝等が溢れるなどの被害が出始め、時間雨量100㎜近くになると、下水道の排水能力を超えるので、大規模な浸水（内水氾濫）が始まります。地域の水災害や土砂災害に対する防災活動は、避難勧告が発表になって慌てるのではなく、事前にインターネットやスマートフォンを通じて例えば、気象庁による早期注意情報（警報級の可能性）、高解像度降水ナウキャスト等のレーダーによる雨雲の動きと短期予測といった気象情報を、さらに雨が続くようなら河川水位や土砂災害危険度レベルなどの防災情報を順に事前に入手し、それをもとに、単に「大雨のときは……する」だけではなく、「水位や気象に関する状況が○○になったら、……する」と具体的に決めておくとよいでしょう。ただこういう説明をすると、高齢者の方々からはスマートフォンなどは使い方がわからないと意見をいただきますが、全員が使いこなす必要はなく、地域で使える方々が情報を取得して、それをご近所に伝えるしくみを考えることに汗を流した方がよいと考えます。……ということを地域住民に訴えて欲しいです。

　なお、令和元年6月より導入された警戒レベルとあわせて検討しておくと、より具体的になります。警戒レベルはわかりにくいという声もお聞きしますし、避難勧告や指示の代わりに警戒レベルが出るようになったと勘違いされている住民もいらっしゃいますので、今後丁寧な説明が必要です。ちなみに、警戒レベルはスーパーなど

のお店のお惣菜コーナーで売っている焼き鳥を例に説明しています。もも肉、ネギなど種類の違うものが串に刺さっていて、竹串には"ももねぎま"とか"とり皮"とかが刻印されています。お客さんはこの刻印された名称をみて、どれがいいか購入しています。これと同様に避難の目安となる情報も土砂災害警戒情報（気象台と都道府県が共同発表）や氾濫危険水位（国土交通省や都道府県が公開）、避難勧告の発令（市町村）のように出す機関、組織もバラバラ、防災情報や観測情報、避難情報といった具合に情報の種類もバラバラです。そこで、それらのバラバラの情報を警戒レベル4避難相当（全員避難）という名の刻印をつけた横串をさすことで、住民にわかりやすく伝えようとしています。あとはこの警戒レベルを地域がどう利用するかについて、本書で扱う災害図上訓練T-DIG課題検討編やマイタイムライン作成などを活用して啓発していかなくてはなりません。

4 地震は来るのか？

　みなさんご存じのように、近年地震が多発しています。地震は図8のように地球表面を覆っている十数枚のプレートどうしのぶつかりによって、引き起こされるものです。まさに日本は、ユーラシア、北米、太平洋、フィリピン海の各プレートの重なり合った部分に位置し（図9参照）、小さい規模の地震であればほぼ毎日発生しています。日本の陸地面積は世界のそれの0.3％たらずですが、そこで1年間に消費される地震エネルギーは全世界の地震エネルギーの10％にあたる地震大国です。

これらプレートの境界がぶつかって曲がったり、縮むことによって歪が蓄えられ、これが耐えられなくなったとき、反発、破壊して地震を起こします（図10参照）。

　また、プレートの衝突でも、その特徴は異なります。東日本から北日本にかけての太平洋沿岸では、太平洋プレートが日本の下にもぐりこんでいて、定期的に反発して地震を起こしています。釧路沖（1993年釧路沖地震）、十勝沖（1968年十勝沖地震など）、三陸沖（1933年昭和三陸地震など）、宮城県沖（1978年宮城県沖地震など）、房総半島沖（1987年千葉県東方沖地震など）は繰り返し地震の起こっている地域であり、それらの今後も地震が発生する可能があります。特に三陸沖で起きる大地震は津波を伴い、過去にも多くの犠牲者を出しています。2011年に発生した東北地方太平洋沖地震はまさにその範囲で発生した巨大地震でした。さらに、国の地震調査委員会は日本海溝・千島海溝周辺海溝型地震のうち、千島海溝沿いの「十勝沖」と「根室沖」、「色丹島沖および択捉島沖」で、複数の地震が連動した場合、マグニチュードは「9程度以上」の巨大地震となり、その発生時期が切迫していると発表がありました。

　一方、東北地方の日本海沿岸ではユーラシアプレートと北米プレートが衝突しており、津波を伴った地震（1983年日本海中部地震、1993年北海道南西沖地震など）が発生してきています。これら地震とまだ地震が起こっていない空白域として「佐渡島北方沖」と「秋田県沖」があり、これらを埋めるように今後大きな地震と津波が発生する可能性があるといわれています。

図8　日本に押し寄せるプレート　これが地震の原因だ

日本は４枚のプレートどうしがぶつかりあうという不安定な場所に位置しています。

図9　日本付近のプレート配置図

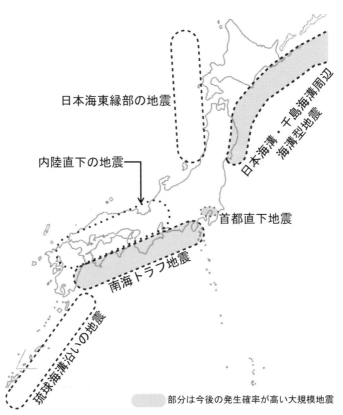

日本海東縁部の地震

内陸直下の地震

首都直下地震

日本海溝・千島海溝周辺海溝型地震

南海トラフ地震

琉球海溝沿いの地震

図10　将来地震や津波の発生が懸念される地域

　次に、フォッサマグナ（糸魚川―静岡構造線）より西の地域については、フィリピン海プレートがユーラシアプレートの下へ潜り込んでいて歪みエネルギーが蓄積されつつあり、この歪みが静岡県から宮崎県の太平洋側で発生が懸念されている南海トラフの巨大地震というマグニチュード8クラスを超える巨大地震を引き起こす仕組みとなっています。特に、この地域は日本海溝のプレートのぶつかりとは異なり、フィリピン海プレートが、かなり浅い角度で西日本の地下へ潜りこんでいるため、紀伊半島、近畿地方、中国地方、四国地方を水平方向に押

し縮めながら、エネルギーを蓄積している状態といえます。このとき、西日本の内陸ではこの押された力に耐えられず弱い部分が割れていきます。この割れの部分が「活断層」と呼ばれるものです。1995年に淡路島と阪神地域に大被害をもたらした兵庫県南部地震を起こしたのも野島断層という活断層でした。活断層とは、一種の日本列島の古傷のようなもので、ストレスを受けると繰り返し割れて地震を起こします。まさに、現在西日本は、東海地震、東南海地震、南海地震を起こすべく西南日本が押し縮められている状態にあり、1995年兵庫県南部地震をスタート点に、2000年鳥取県西部地震、2001年芸予地震（厳密には潜り込んでいるプレートが割れたもの）、2005年福岡県西方沖地震、2007年能登半島地震など、活断層が割れる内陸直下の地震が頻発している訳です。これはいつまで続くかというと、先に述べた南海トラフ巨大地震が起きるまで、日本は縮み続けるので、内陸の地震は続きます。さらに、巨大地震が発生後は、ちょうど人が背伸びをしたときに体がきしむように、押し縮められていた西南日本の岩盤が一挙に伸びるので、再び、活断層が原因の地震が発生する恐れがあります。このように南西日本の地域は、30年から100年の地震活動の静穏期をはさんで、60年ほどの地震活動期がくり返されるという特徴をもっており、現在この活動期に入った状態にあるといえます。

　そして、最後にその押し縮められたストレスを一気に解放するように東海・東南海・南海地震が南海トラフ沿いで発生します。トラフとは海溝よりも幅が広く水深6,000mを越えない溝のことをいいます。この南海トラフ沿いでは東南海・南海の2つ同時や東海から南海まで

3つ同時に巨大地震を発生させる（3連動）など繰り返し、これまで地震と津波被害を発生させています。2011年の東日本大震災をうけて、政府がこの巨大地震について、従来の3連動から東海・東南海・南海・日向灘までの4つ同時に発生する4連動巨大地震の想定に変更し、被害想定の見直しを行いました。この結果、この地震は関東西部、中部地方南部、北部を除く近畿、四国全域、中国地方山陽側、九州東部・南部、南西諸島、沖縄までその被害範囲が大きく拡大しています。したがって、多くの地域が活断層による内陸地震とこの南海トラフの巨大地震に備えなくてはならなくなりました。

　「地震は来るのか？」という質問に対して、このような背景から残念ですが、「地震は来る」と答えざるを得ないという状況です。しかも、前述の3〜4連動の巨大地震は必ず来襲し、大きな被害をもたらし、多くの地域が復旧、復興しながら、まちづくりを一から出直すことになります。これを考えた時、地震に対する防災はどの地域であっても必須であり、今まさに住民も、行政も、これを話題にして、地域防災を実行しなければならない時期にきています。

　以上、災害についてのお話しをしましたが、読者のみなさんや住民はそのメカニズムを理解していただく必要はありません。「わしはプレート間地震のしくみを知っているよ」と言われる方もおられますが、防災啓発の講演会で学識経験者がその多くの時間を割いて説明する"地震のしくみを知ること＝防災力の向上"にはなりません。防災啓発の研修は知識を豊かにするだけの教養講座ではありません。必要なのはそこで自分の地域に今後

何が起きるのか（種類と深刻度）、それは明日明後日の話なのか（頻度と切迫度）を知ることが重要で、つまりまず何に対して備えるのか？を明確にしなくてはなりません。一般的な地震に備えてではなく、想定されるどの地震なのかが肝心なところです。これは防災を始めるための動機づけ、一種の住民に対する揺さぶりにもなります。筆者はこれを「地域の災害観」と呼んでいます。

第４章　地域を知る！
―災害図上訓練（T-DIG）その１　課題抽出編

 地域は"舞台"、自主防災組織は"劇団"

　地域防災事始めということで、よく地域の方から「何からやったらいいの？」と聞かれます。「まず一つ考えられるのは、災害が起こったときに、問題・課題を明確にすることでしょう」と答えますが、例えば、問題・課題を明確化するといっても、公民館に夕方から地域住民が集まって「よし、今日は地震が来たときの問題・課題を明らかにするぞ」と言っても、すぐに意見が出てくるかというとなかなか難しいと思います。恐らく、一杯飲んでも出てこないでしょう。これは、第１章でも書きましたが、「災害が起こったら」という前提がないから、課題が出てこないのです。さらに言うと、「災害が起こったらと言うけど、うちの地域は風水害に対して強いの？　弱いの？」、「地震に対しては？」がわかっていないと、災害が起きるのかどうかもわかりません。このように地域の弱みや強みを知っているかどうかが、その後に防災活動が創出できるかにかかってきます。では、地域とは何でしょう。ここで言う地域は、その対象範囲が町内会、自治会、学校区と人によってそのとらえ方は様々だと思いますが、ここでは防災組織が動いている一つの単位としての地域としてお話します。そこで、地域を例えてみると、それは舞台であり、自主防災活動をするみなさん方は劇団の俳優さんなんです。つまり、地域

49

という舞台で演技をする俳優さんです。一般に行政のほうから「自主防災組織をつくってくださいね」。といわれ、組織をつくりますが、これは劇団をつくってくださいと言っているのと同じです。その時、「公演日はいつですか？」と、聞くかもしれませんが、公演日、劇団が本番をむかえるとき、すなわち災害が発生するときです。ところが、それはいつかわかりません。いつくるかわからない公演日（災害）に向けて一生懸命お芝居の練習するわけです。お芝居の練習（防災訓練）は、俳優さんが舞台の上で、行政から渡されたパンフレット（台本）を見ながら、「まず、会長が舞台の中央に立って、みんなを呼ぶ、それを待って、情報収集のＡさんがやってきて、みんなに状況を話す。そして……」という具合に、立ち位置や登場する順番、段取りの説明からセリフまで一生懸命覚え、練習するわけです。

　ちなみに住民が演じる自主防災組織の役は以下の通りです。

・情報（収集伝達）班
・水防/初期消火班
・避難誘導班
・救出救護班
・給食給水班

　これらの名称は少々固い感じがしますが、劇の話でいうなら、ご長寿テレビ時代劇の代表「水戸黄門」のご老公一行の役柄と照らし合わせるとわかりやすく説明できます。まず、リーダーですが、これは当然"水戸のご老公"ですね。そして、情報収集は"風車の弥七"、初期消火等は"格さん"、避難誘導は甘いマスクの"助さん"、

救護は女性にお願いしたいので"かげろうお銀（由美か
おる）"となります。最後に、給食給水は食べ物のこと
ですから、いつも峠の茶屋で団子を食べたがる"うっか
り八兵衛"に任せるといいでしょう。つまり、地域もこ
のように役割に適した方がおられるかもしれません。ぜ
ひ探してみましょう。なお、地域によってはこのような
オールスターキャストは揃わないといわれる地域があり
ますが、そういう地域なら、

・情報班
・初期対応班
・避難班

でもよいでしょう。情報班は災害直前、災害時だけで
はなく、普段から行政の発表資料やパンフレット等の地
域にとって有益な情報をキャッチして流すという役割と
考えればよいです。また、初期対応は初期消火、救出、
救護を担当し、避難班は避難、避難所運営、炊き出しを
兼務すればよいです。

以上のように役を決め、劇の練習に励んでいると、突
然災害が起こり、本番ですと告げられます。開演のベル
が予告なく突然鳴らされ、みんなあわてて集まって、舞
台に出て行き、演技を始めます。その際には、「前に渡
されたシナリオとどうも違っているところがあるけど
……」とかブツブツ言いながら、汗をかきかき演技をや
っています。でも、なんだかんだ言いながら、舞台の幕
が下りると「練習しておいてよかったね」と胸をなでお
ろす。これが災害時の自主防災組織の対応活動の姿とい
えます。

　ここで、あらためて考えたいのが、"舞台"、つまり"地域"です。練習するにせよ、本番で演技をするにせよ、俳優は舞台の上で演技をします。もし、この舞台の特長（広さ、奥行き、形、凹凸等々）が俳優さんの頭に入っていないと、舞台から転落したり、つまずいたりするかもしれません。つまり、舞台で演技、活動するためには、舞台のこと（地域のこと）をよく知っている必要があります。つまり、己の地域も知らずして自主防災活動ができるのかと言うことなのです。

　では、どのようにして自分たちの地域を知ればよいでしょう。それに適した手法として「災害図上訓練T-DIG」があります。

② 災害図上訓練 T-DIG とは？

　地域防災をすすめる上で有効な手法に災害図上訓練DIGがあります。これはもともと自衛隊が主に机上訓練として行っていたものを住民向けに改良された手法で、DIGは「Disaster Imagination Game」の各単語の頭文字をとって"ディグ"と言います。DIGとは、地震や風水害などの災害が起きた時にどのような被害が発生するかを地図上で想定し、参加者自身が地域の特徴や課題を地図から読み取り、必要な対応を具体的に考える訓練です。Disaster=災害をImagination=想像するGame=ゲーム。なぜ、想像が必要なのでしょうか？　第1章でも触れたように、災害、防災は幽霊なので、ふだん見えないのです。まだ見ぬ災害に対しては、頭で想像し、考えないとだめなのです。ですから、イマジネーションという

言葉を使っています。ゲームは遊びのゲームではなくて、いろいろ試行錯誤をやってみるという意味です。ここで、余談ですが、災害図上訓練はもともと自衛隊や行政が行う訓練でした。その一つにロールプレイング訓練というのがあります。これは、災害発生を想定して、訓練を受ける職員がそれぞれ定められた役割を（その役のゼッケンをつけて）演じるもの（＝ロールプレイング）です。これは、人が他者を理解するためにその人になってみるという演劇を利用した教育方法の一つでもあります。災害対応すなわち、スムーズに劇が進むかチェックを行う、いわば演劇で行う通し稽古のようなものです。それに対して、ここで説明するDIGは、稽古する以前の段階で、役とは何か、その役の動きやシナリオは何か、そもそも役を演じる舞台（地域）はどうなっているのかを検討する段階の際に行います。当然多くの自主防災組織はまだシナリオづくりの段階まで至っていませんので、この災害図上訓練DIGを行います。ちなみに、行政訓練でもテロ対応訓練のような未だ経験したことのない想定については、やはりDIG方式で行うことがよいと筆者は考えています。

　では、DIGはどのようなことをやるのかですが、例えば、ここに地域の地図があったとすれば「町のつくりをちょっと塗ってみませんか？」、さらに、災害の被害を重ね、今度は「立ち向かうための防災資源はないですか？」、この答えを探すべく、住民はどんどん地図に色を塗る。課題によって異なる色を重ねることで、自然と住民がいろいろなこと、強いところ、弱いところに気づいていく。「うちの地域はここが弱いね。こういう強みもあるね」など、住民から意見が出されてきます。これがDIGをやっている風景になります。ここで使う地図

というのは、魔力を持っていて、そこに住む住民を引きつける力を持っています。住民は自分たちの地域の地図を前にすると、必ずといっていいほど、いろいろなことを言い出します。まさに、地域防災へ住民を誘うのによい手法といえます。

DIGは、「Disaster（災害）」と頭についており、元々三重県でスタートしたことから、地震を主体とする「Disaster」のイメージでした。しかし、この「Disaster」という単語をよく見てください。「Disaster」、この単語は二つに分解されます。「Dis」と「aster」に分かれます。「aster」とは何でしょうか。「aster」とは"星"なのです。これは単に空に輝く星というより、希望の星、船乗りなどが航路を見定めるための星など"幸運の星"という意味が強いです。また、この「Dis」は、Disに続く単語の意味や状態をうち消す力をもっています。例えば「Discover」という単語を思い浮かべてください。「cover」というのは覆いですね。「cover」を「Dis」する。つまり「cover」がない状態、すなわち覆い隠されてものがなくなり、「発見」されるとなるわけです。それと同じで、「aster」が「Dis」するわけですから、われわれの見えていた幸運の星が雲か何かに隠れて見えなくなって、わたしたちは一体どこに行ったらいいのかわからないという状態をいいます。この状態にぴったりの日本語があります。それは、「災い」です。つまり、地域にとってよからぬこととなります。どうも「最近、観光客が減った」、「高齢化が進んだ」、「どうも最近治安が悪くて、犯罪が起きるね」などもそうです。

したがって、このDIGは地震や風水害のような自然

災害だけではなく、地域の災い、地域のお困りごともテーマとなり、例えば、防犯等々に活用できるツールといえます。

 # 準備するもの・こと

DIGを行うには、一般に以下の地図、備品、消耗品を準備します。

①地図（著作権の条件をクリアにしておく必要あり）
　・対象地域の現在の地図（企業等が対象の場合は建物平面図との併用も利用可）
　必要に応じて拡大コピーして地図どうしをつなげることもあります。1グループ8〜10名とし、グループの数だけ地図を用意します。
　なお、各グループからの意見を発表させる場合は、グループ数は概ね4〜6組となります。
　・対象地域の昔の地形図（もし、あればで結構です）
　　昔の土地の状況をしるために必要な場合には、上記地図の補助として使用する。必要な場合には国土地理院から入手します。（有償）
　・自治体が配布しているハザードマップ（洪水、津波、土砂等々）があれば、記載されているハザード（災害）の部分を書き写し取ります。

②備品
　・ホワイトボード、コルクボードなど
　　グループごとの発表をともなうDIGに使用します。
　　議論の結果を模造紙に箇条書きにして、それを先の

ボードに貼って代表者が発表します。ボードは、グループに1枚（グループがその場で発表）またはファシリテータ近くに1枚（代表が前に出て発表）程度、設置するとよいでしょう。

・液晶プロジェクタ、スクリーン、DIGの説明用PC（必要があれば）、災害についてのDVDまたはビデオデッキ（必要があれば冒頭の揺さぶりで使う）
これらPC、ビデオデッキ等を使って参加者により明確に課題や災害についてイメージを持たせるものです。

③消耗品類（写真1参照）

・透明シート
地図の上から覆ってペンで書き込む際のシート部分になります。種類がいくつかありますが、固めの方がシワにならなくてよいでしょう。また、透明シートがすぐに手に入らないのであれば、調理に使うラップでもよいでしょう。

・油性ペン
透明シートに書き込むためのペンです。太字・細字両用で6〜12色セットがよいでしょう。

・液体肩こり薬とティッシュは油性ペンの書き込みを消去する際に使用します。

・テープ
地図どうしの貼り合わせや地図と透明シートの固定に使用します。また、発表の模造紙をボードに貼る場合にも使用します。

・付箋紙
地図上での表示、意見の書き出しに使用します。小（細長）、大（長方形）など大きさの違うものをいく

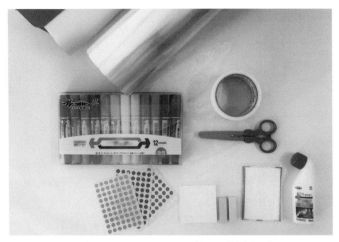

写真1　DIGに用いる道具（消耗品）

つか用意するとよいでしょう。

・●ドットシール
　透明シート上に貼り、様々な情報を表示します。赤
　丸、黄丸、緑丸、青丸を用意するとよいでしょう。
　（色は信号色として覚えてください）

・模造紙
　検討した結果を記録、または発表内容をA1判程度
　の大きさの模造紙に記入しておきます。

　次に、事前準備は以下の手順で行います。

①DIGのテーマの決定
　　例）災害種別：地震、対象地域：○○小学校区、
　　　　災害種別：台風、対象場所：△△自主防災

②参加人数の見積もり
　欲張らずに集めてください。たとえ動員がかかるよう
な集め方でもこの時点では構いません。

③会場の手配、参加の呼びかけ

　地域のサイズに見合った大きさの施設があると思います。そこを探してください。校区レベルでやるのであれば、市民センターレベル、町内会、自治会レベルであれば、公民館や公会堂となります。

④地図、消耗品類の手配

　地域で防災活動に使いたいと地元の行政の防災担当部署にいえば、無料でもらえることがあります。もし、無料でもらえなかったら、そこの行政は……。

⑤当日の準備として会場設営を行います。使用する地図の大きさにあわせた程度のテーブルを用意し、消耗品類を置きます。

　会場でのセッティングですが、グループワークができることと、テーブルで島をつくり、その中央に地図を置きますので、それを踏まえて、島の大きさを考えてください。（図11、写真2参照）また、必要備品として液晶プロジェクタやホワイトボード等はなくても結構で、DIGの進行の説明については、口頭や配布資料で説明することもできます。また、グループ分けについては、地

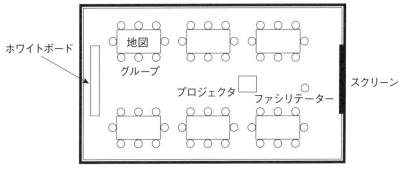

図11　会場の配置

市民センター規模の部屋での会場風　　公会堂、公民館規模の会場風景
景

写真2　会場の風景

　区ごとに分ける方法や同じ地域を複数のグループでやっ
てみて、それぞれ比較するなど自由です。なお、DIGを
実施する場合には、1グループの人数は概ね5～8人がよ
いと思われます。これ以上、多いと議論しにくくなった
り、参加しない（遊ぶ）住民も出てきます。したがっ
て、5グループ作っても8人（最大）×5グループでも40
人程度ですから、DIGは100人を超えるような研修とは
異なります。多くの参加者を集めることはよいですが、
欲張り過ぎると、研修の効果が薄れます。

 # DIGとT-DIGの違い
〜T-DIGのステップ〜

　現在、DIGは全国の研修会等で実施されていますが、
中には防災意識を高揚させようとするがあまり、地域に
とって重い課題をいきなり提示してしまう場合がありま
す。しかし、過去の災害履歴やコミュニティーの構造を
みたとき、いきなり重い課題や地域にとってタブーな話
題（寝た子を起こすような課題）を課すことにより、最

初は意識が高揚したとしても、次に何をしてよいかわからず、活動が止まってしまう場合や地域によってはその後の時間経過とともに不安と混乱、住民どうしの不和を招き、後の地域活動に悪影響を与えることがあります。そこで、地域の方々にDIGを将来の街づくりの一つの手法として活用してもらいたいという思いからT=Townまちづくりを意識したDIG、すなわちT-DIGという名称にしました。T-DIGは、参加住民の意識の変化とコミュニティーの動きをみながら、DIGの工程をゆっくりと時間をかけてステップアップさせていく方法です。ステップごとの概要は次の通りです。

〈ステップ1〉T-DIG 基本編（課題抽出編）

　　地図への書き込みに専念することにより、防災の一つの切り口である"どこが"を念頭に住民の持つ認知地図（頭の中の地図）を引き出して、住民の把握している点と見逃している点、地域の問題点をとにかく多く抽出、確認する。その結果をうけて現地踏査（まち歩き）を行い、認知地図を修正した防災マップ（地域の防災カルテ）づくりを行って、その内容の定着をはかる。住民の相場観（感）が一致した地域のカルテなくして課題解決や活動内容の議論・合意形成はできないといえる。

〈ステップ2〉T-DIG 応用編（課題検討編）

　　本来のDIG で行う課題付与がここで初めて行われる。その際に、防災のもう一つの切り口"いつ・いつまで"を念頭に発災前、直後対応から避難、復旧までの時間をおおまかに区切り、それぞれで一番重要と思われる課題について集中的に議論する。すなわち、発災から復旧（一段落する）までにある大きな柱となる課題を把握し

て、その解決策をしっかり議論する。また、ある程度防災活動や組織がしっかりしている地域に対しては、ステップ2での議論の結果をもとに模造紙の横方向に時間軸を設定し、それに沿って、自主防災組織の役割（班）の対応や動きを創出してもらう。特に風水害・土砂災害編では、防災情報として警報や河川水位情報、土砂災害危険度の情報等もどのタイミングで取得するかを考えてもらいながら対応を検討する。

〈ステップ3〉T-DIG 定着編（事前活動検討編）

　　ステップ2、ステップ3を受けて発災後、何が起き、何をなすべきかが分かったところで、それを解決するために必要な事前活動の検討を行う。すなわち、その結果を実施するための具体的な方策の検討とすでにある地域活動（自治会活動等）とのマッチング、活動の共存化を検討する。可能なら向こう3年間の活動（毎年の定例活動とそのときだけ行うイベント等）の計画、スケジュールを作成する。

〈ステップ4〉T-DIG 実践編（課題対応編）

　　T-DIGの上級編にあたる。時間軸を意識しながらも、紙面やスライドで状況や課題を時間に沿って複数付与し、その課題に対しての対応も行ってもらう。主に行政機関での災害対応やテロ等の国民保護訓練に用いる。

⑤ T-DIG 基本編（課題抽出編）

　　ここでは、T-DIG課題抽出編の実施内容について説明します。T-DIG課題抽出編は地図にさまざまな情報

を書き込むことで、参加者が地域に潜む問題について「発見する」ことを目的としています。その手順について述べます。

　まず、テーブルにおいた地域の地図をテープで固定します。続いて、図12のようにその上より透明シートをかぶせます。ロール式の透明シートであれば、必要な長さ（大きさ）でカットしてください。これもテープでとめてください。T-DIGの実施が慣れれば、課題の種類や議論すべきポイントに応じて複数枚の透明シートを使ってみるとよいでしょう。

　次に、T-DIG実施について、今日は「水害」をテーマに実施するのか、「地震」をテーマに行うのかを参加者に伝え、以下のルールを口頭で結構ですので、説明してください。

〈ルールの例〉

　・色塗りの課題はこちらから提示します。楽しく、元気よく、綺麗に塗ってください。

　　（図13や写真3、写真4のように、楽しく、わいわい言いながら、塗る、貼る等の作業をしてもらう。）

　・自由に意見交換をし、どんな些細な疑問やわからない点等も出すようにしましょう。ただし、人の意見に異論がある場合には代案をきちんと示してください。

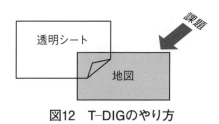

図12　T-DIGのやり方

・個人に関わる危険箇所や災害時要援護者情報については、グループ内だけの議論にとどめ、その情報を決して外へ持ち出さないでください。

この時、グループ内に民生委員さんがいらっしゃれば要援護者については守秘義務がかかっています。しかし、地域での防災をすすめる上では災害時要援護者は避けて通れません。どうしても気になるようようでしたら、外の風景でも見ながら独り言のように、「このおばあちゃんは気になる」などしゃべってください。などと伝えてください。

ルールの説明が終わればT-DIG課題抽出編の開始です。T-DIG課題抽出編は図14の流れのように、まちのつくりの確認→災害の外力の確認→被害の確認→防災資源の確認の順で行っていきます。以下にその作業の詳細について列挙します。

写真3　T-DIGの作業風景（地図上の透明シートにマーカーで塗る）

写真4　T-DIGの実施風景

図13　透明シートへの書き込み例

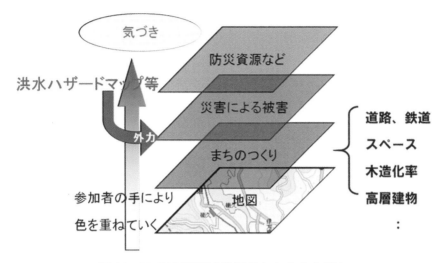

図14　T-DIG課題抽出編のおおまかな流れ

〈基本図の作成〉
①対象地域の「地理」の確認〜
例）◎地図全体をみて、現在の「自然条件」を確認しま
　　しょう。（まだ塗らない）
　　　・現在の市街地の位置
　　　・海岸線、湖岸線等の位置
　　　・河川、ため池等の位置
　　　・自宅の位置

②「まちの構造、つくり」の確認
　まちの構造（まちの空間、つくり）を把握します。

◎広場、公園、オープンスペース（学校、神社、空き
　地、店舗の駐車場など）は輪郭線を緑色でなぞって斜
　線を入れましょう。

◎水路、用水、河川（大〜小）などの自然水利や海岸

線、ため池を青色でなぞって斜線を入れましょう。ちなみに、川は雨が降れば地域を浸水させる原因となりますが、地震時は消火用水利や雑用水の確保に役立つ資源となることがあります。このように災害によって、川の役割は異なります。

◎（大規模水害地域のDIGの場合）3階建て以上の建物を黄緑色で塗りましょう。

◎鉄道があれば、黒色でなぞりましょう。鉄道があると、そこで地域が分断され、移動ができにくい状況になっています。仮に高架橋でも、その下は通れないことが多いです。

　以上は地域のつくりなので、わたしたちの都合では変えることはできません。これが先に説明した「地域」という舞台になります。

③地域の「防災資源」の確認
　防災の観点からみた地域の資源について青色丸●シールを貼ります。

◎公的な（自治体が指定する）避難所や避難場所に緑色丸●シールを貼ります。
例）学校や公民館、公的な施設等
　ここで、参加者がわからない場合は後に使用する自治体が作成した各種ハザードマップを配布して、これを参考にするように指示をしてください。

◎地域防災において役立つ施設や物（病院や救助道具、

炊き出し道具、食料・飲料水、薬品等）がある場所に
<u>緑色丸●シール</u>を貼ります。

例）病院、薬局、ホームセンター、自動車用品店、コン
　　ビニエンスストア、スーパー、ラーメン屋さん等

　ここでは避難所、避難場所と住民の目線でみた防災資
源です。このとき、まず思い浮かべるのが、コンビニエ
ンスストアです。これについては賛否両論あり、「コン
ビニって災害時も開いていて頼りになる。」とか、「い
や、災害後に行っても弁当もないし、お茶もない。」な
どいろいろな意見が出ます。ところが、災害時でも、あ
るコーナーだけ売れ残っているところがあります。それ
は、お菓子コーナーです。「災害のとき、お菓子を買っ
てどうするんだ」と思われるかもしれませんが、子供や
お年寄りに食べさせてください。子供は、災害時、災害
発生のショックと空腹が手伝って、おびえています。そ
こで、チョコレートなどのお菓子が役に立ちます。チョ
コレートや飴玉などはカロリーが高く、特に、チョコレ
ートはカカオの効果で、緊張状態の気持ちを穏やかにす
ることがあります。子供にすれば、普段は「お菓子なん
か食べちゃだめよ」と言っているお母さんが笑顔でチョ
コレート何枚もくれるから、うれしくなります。そうこ
うしていると各地域で炊き出しが始まりますから、そち
らに切りかえるとよいですね。

　あともう一つ防災資源として面白い発想のものに、ラ
ーメン屋というのがあります。別に地震が来たらラーメ
ンを食べに行く訳ではありません。皆さんも地域でよく
食べに行かれるラーメン屋があると思いますが、ラーメ
ン屋のカウンター越しに厨房をぜひ覗いてみてくださ
い。調理場に何が置いてありますか？　スープを煮出す

ためにある寸胴なべ。それと並んで中華なべ、コンロがあります。あれは全部炊き出しに使える道具ですね。だから、普段地域にあり、よく食べに行くラーメン屋さんであれば「災害時には、そのなべ貸して！」と言えば、それでよいのです。まさに道具を現地調達です。「うちの自主防災組織は資金がないから、活動できません」などという防災組織がいます。しかし、地域防災を行うためには、お金より知恵を創出する方が重要です。そのためにも、地域に何があるのかじっくり考え、見つけておくことが重要であり、このことが災害時における迅速な対応へとつながっていくことになります。

また、ある地域の自主防災組織はいろいろな雑貨を置いている店舗と提携していて、災害が起こったときに腕章をつけていくと、レジをパス（支払いなし）で物品を持っていっていいという取り決めをしています。さらに、地元のビジネスホテルと協定を結んで災害時には地元の高齢者等の災害時要援護者をホテルへ避難、収容できるようにしている地域もあります。つまり、そのような取り決めをするにしても、そのようなものがあるのか、協力してくれたら地域にとってうれしいなと思うところはないのかをまず考えることが重要です。恋愛もまず片想いから始まりますよね。最後に失恋もあるでしょうが、その場合は他にもっといいものがないか、使えるものはないか、探せばよいのです。自主防災組織では設立の際の補助を受けて、資機材の整備をされていると思いますが、「本当にこの中で必要なものはどれ？」と考えることが重要です。そのためには「こうなったときどうするの？」をキーワードにT-DIGを通してしっかり考え、しっかり議論してください。

④避難行動要支援者への取り扱い

　従来のDIGでは災害時要援護者への対応も検討してもらうため、練習として参加者らにより地域にお住まいの災害時要援護者世帯に黄色●シールを貼りました。その際、グループ内で情報を秘匿し、研修が終わった際にはこれら情報を第3者に口外しないように伝えていました。しかし、2013年に災害対策基本法が改正され、避難行動要支援者の避難行動支援に関する取組指針が示されたため、DIG研修の中で取り扱う場合には以下の条件で実施することになりますので、注意が必要です。なお、以前のDIGの作業とは異なり、避難行動要支援者名簿作成（2014年4月施行）を行うことになったため、扱いが複雑になっています。そのため、この④については、地域の実情にあわせてこの作業を省くことも可能です。また、ケースの分け方および方法は、今後の取り組み状況や自治体の地域防災計画内での取り扱いの違いによって変更する必要が生じますので、わからない場合は市町村の防災啓発担当者へご相談ください。

ケース1）DIG参加者すべてが避難支援者[注1] として避難
　　　　行動要支援者名簿[注2] の提供を受けている場合

注1）避難支援者
　避難支援等の実施に必要な限度で、地域防災計画の定めるところにより、消防機関、都道府県警察、民生委員、市町村社会福祉協議会、自主防災組織その他の避難支援等の実施に携わる関係者[2]
注2）避難行動要支援者名簿
　地域防災計画の定めるところにより、避難行動要支援者について避難の支援、安否の確認その他の避難行動要支援者の生命又は身体を災害から保護するために必要な措置を実施するための基礎とする名簿[2]

◎避難行動要支援者名簿にもとづき、その家に黄色●シールを貼ります。またそのシール横に避難支援等を必要とする事由を短冊型付箋紙に記入して貼ります。

※この場合、研修中に出た情報や作成した地図を一般住民やマスコミを含む避難支援者以外の者が知ることのないように配慮と管理が必要です。もし、研修中の情報管理が難しい場合には、ケース2またはケース3で実施してください。これは改正災害対策基本法（第四十九条の十三）に「正当な理由がなく、当該名簿情報に係る避難行動要支援者に関して知り得た秘密を漏らしてはならない」と定められているからです。

ケース2）DIG参加者すべてが避難支援者ではないとき

◎災害時において要配慮者と思われる方の家に白色○シールを貼ります。

※この場合、避難行動要援護者ではなく、その候補者にあたる要配慮者として提示します。ここで、実際には避難行動要支援者が名簿により別途選定されていて、白色○シールとは異なる可能性があることと、研修中に出た情報を口外しないようにその場で説明します。ただこの作業を実施する意図は、実際に災害が発生した（しそうな）場合には、避難支援者が要支援者情報を近隣住民に開示し、緊急的に応援をお願いすることがあるからです。したがって、一般住民であっても居住地近隣の要配慮相当の者の位置を大まかに掴んでおくとも重要であるといえます。

ケース3）DIG参加者の中に避難支援者とそうでない方
　　　　が混在している場合

◎災害時において要配慮者と思われる方の家に白色○シ
　ールを貼ります。

※ここでは、ケース2と同様の取り扱いをしますが、避
難支援者が研修後に作成した地図をもとに対応支援を考
える際には、ケース1の条件のもと、避難行動要支援者
の白色○シールを黄色油性ペンで塗り直します。

　以上が基本図づくりです。次から風水害・土砂災害と
震災に分かれます。台風や水害、土砂災害の研修の場合
はこのまま次を、地震については風水害・土砂災害編の
後の〈震災編の場合〉から始めてください。

〈風水害・土砂災害編の場合〉
⑤災害の外力（浸水、土砂災害等）の理解
　行政が配布している各種ハザードマップ中の災害（浸
水想定区域、崩壊危険区域等々）を参考に災害の影響す
る範囲に色を塗りましょう。また、過去に実際に災害が
起きた場所等があればこれもあわせて塗っていきましょ
う。
　また、浸水が深刻な地域であれば、ハザードマップ
凡例を参考に、浸水深2m基準として、

　・2m未満の浸水を水色（意味：最悪は2階以上に垂
　　直避難で助かる可能性あり）で塗ります。
　・2m以上の浸水を紫色（意味：避難をしないと命が
　　危険）で塗ります。

・土砂災害は崩壊危険区域や土石流危険渓流等のすべてを茶色で塗ります。

⑥被害箇所、危険箇所の把握

　上記の災害の外力（浸水、がけ崩れ等）が地域にふりかかったとき、特に危険、あるいは過去の経験から危険の場所に赤色丸●シールを貼っていきましょう。

例）柵のない用水路、冠水で道路との区別がつかない蓋なしの側溝、水が流れる、土砂が流れる等

⑦ここまでのまとめ

　グループごとに地域についての気づき（発見）を模造紙に書き、まとめてみましょう。出された意見は付箋紙に1項目ずつ書き出します。重複はあってもよいです。

◎まとめ

・風水害・土砂災害について、この地域の弱みは？
・風水害・土砂災害について、この地域の強みは？

〈震災編の場合〉
⑤建物の状況の確認

◎地震に対して弱い建物を把握します。建築年代が昭和35年以前の古い建物をオレンジ色で、昭和55年以前の建物を黄色で塗りましょう。

　地震の際に人的な被害を出す大きな要因が家屋の倒壊です。地域の中で耐震基準を満たしていない建物を探します。

⑥道路の確認

◎道路幅（幅員）が狭く（例えば4m以下）、地震時に
　何かあれば通れない道路や耐震性のない古い建物（オ
　レンジ色や黄色）に囲まれた道路、行き止まりの道路
　を<u>ピンク色</u>でなぞりましょう。

　災害時に道路ではいろいろなものが通り、いろいろな
ものを運びます。例えば、けが人、物資、情報、緊急車
両が通りますね。いろいろなものが右往左往します。つ
まり、われわれの体を流れる血液の流れ、血管と同じな
のです。幅員（道幅）が広ければ、大動脈でさらさら血
液がしっかり流れているところです。一方、狭い道路
は、蟳管が細くなって血液が詰まってしまう。そういっ
た地域では何か災害が起こったときには通れなくなり、
だれも助けに来てくれない可能性があります。ふだんは
見えないですが、地図に着色してみると「あ、うちの地
域、狭い道に囲まれているね」という「幽霊」がそこに
潜んでいることがわかります。

⑦地震時の危険箇所の把握

◎地震時に危険となるところに赤丸●シールを貼りま
　す。
例）老朽化、不適格なブロック塀、落下の危険がある看
　　板、落橋の恐れのある古い橋等

　ここで、地域の危険箇所の例として老朽化した、ある
いは無筋（鉄筋が入っていない不適格な）ブロック塀を
あげます。このような不適格なブロック塀はよく人を殺
すのです。1978年宮城県沖地震では多くの児童がその
下敷きになりました。2004年福岡県西方沖地震のとき

も高齢者が犠牲になりました。前者では子供が犠牲になっていますが、それはなぜでしょうか？　それは、子供が大人の言うことをちゃんと聞いているからで、車が来るので道路の端を歩いて行くという具合に交通安全第一で子供たちは登校するわけです。ところが、地震時には、この塀が容赦なく、子供たちに倒れてきます。その後の地震でもブロック塀の被害は後を断ちません。2011年東日本大震災の際も各地でブロック塀が倒壊しています。このような危険箇所を行政の手により改善することは困難ですが、同じコミュニティーの中の住民どうしの対話の中では時間がかかるかもしれませんが、問題は解決できる可能性があります。

⑧出された意見、検討結果のまとめ

　グループごとに地域についての気づき（発見）を模造紙に書き、まとめてみましょう。出された意見は付箋紙に1項目ずつ書き出します。重複はあってもよいです。

◎まとめ
・地震について、この地域の弱みは？
・地震について、この地域の強みは？

　T-DIG課題抽出編はいかがだったでしょうか。もし、T-DIGを繰り返し実施し、実施者がそのやり方に慣れてきたなら、図15のように透明シートをとりかえて、課題を出すなどの方法も試してみてください。例えば、

〈住民をその気にさせるちょっとした工夫〉
・1枚シートをかぶせ、そこに災害が発生したとき自宅からどこに避難するか、その経路も含め参加者一人一

人に書いてもらいます。

・経路を書き込んだシートをどけます。

・新しい（何も記入していない）シートをかぶせ、上記のT-DIG課題抽出編を行います。

・最後の弱み、強みのグループ討議の際に、冒頭に記載した経路のシートを上にかぶせます。

・当初考えていた避難経路とT-DIG課題抽出編で描いた絵を重ね合わせて考え、本当に避難できるのか？経路は安全か？　など議論させます。

　などの工夫ができます。透明シートを変えるタイミング、書き込ませる情報などをうまく使って住民に防災の重要性を訴える効果的なT-DIGにしてください。

　以上のDIG課題抽出編により、しっかり地域の特徴を色付けし、課題を抽出しましょう。これを認知地図といいます。つまり参加した住民の方の頭の中にある絵図ということになります。そうすれば、地域の弱点や強い点などが視覚的にわかるようになってきます。しかし、

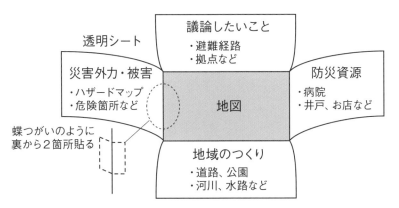

図15　極端な例：課題ごとに透明シートをかえてもよい

ここで完成した地図は議論の過程で色塗りしたので、書き込みも汚く、また、その内容についても机上で考えたことなので、実際はどうなっているのか確認する必要があります。そこで、このDIGで得られた地図上の場所や着目すべき点を念頭に入れて、現地調査（フィール調査）に出かけてみましょう。そして、描かれた情報を確認を行いながら、その場所の写真や詳細情報を集め、あらためて新しい地図に清書してつくりあげれば、地域の防災マップの完成となります。防災マップの完成の後に引き続きDIG課題検討編や対応検討編をやっていくとよいでしょう。

6 災害ハザードマップの利活用

現在全国の自治体では災害に関するハザードマップを整備して、住民への周知をはかっています。ところが、残念ながらそれはほとんど住民へは定着していないという問題をかかえています。マップは配布して見てもらうだけではだめで、それを利活用してもらう必要があります。そこで、有効なのが今回ご紹介しているT-DIGです。先にも説明したように、例えば洪水、津波のハザードマップを用いて、書き写させ（英単語を書いて覚えるのと同じ）、住民に予想される災害をしっかり受容してもらうことができます。筆者も多くの地域でそのご当地の災害ハザードマップを使ってT-DIGを実施していますが、一連のワークショップが終わる頃には、住民もハザードマップの読み方がわかり、その価値を理解してくれることがわかっています。

このことからも、自治体の方は、ハザードマップ整備事業を業者に発注する際には、特記事項の中にマップ作成後、あるいは、マップ作成の過程で、対象地域におけるこのような啓発とマップを定着させるための作業項目を入れておくとよいでしょう。

ここで、ちょっと一息

〜地名はタイムカプセル？〜

　地域ごとにいろいろな地名がありますね。その由来は伝説であったり、史実をもとにしたものなど様々ですが、その中にはその地域の地形、特徴を言ったもの多く、災害の関わるものがあります。例えば「竜」という地名がありますが、これは竜が走ったイメージから、水、土砂等が流れた（走った）という意味があります。そういえば、多くの犠牲者を出した平成５年鹿児島県の8.6水害で土石災害からJRの乗客が奇跡的に助かった場所は「竜ヶ水」でした。

第5章　地域のカルテをつくる！ ─防災マップづくり

① フィールド調査 （まち歩き）

　T-DIG課題抽出編から課題検討編へ移るためには、地域のカルテ、すなわち防災マップが必要になりますが、防災マップを作成するには住民を集めたり、マップの作り方がわからないなど、一見して大変なように思えます。しかし、前述のT-DIG課題抽出編をやっているので、そこに描かれた絵（データ）はすでに防災マップに掲載すべき情報を含んでいます。ただ、あくまでもT-DIGは机上での作業ですので、そこに描かれた情報や住民から語られた情報が正しいのか、あるいは現状はどうなっているのかについて精査する必要があります。そのためには、実際に現地に行って見てみることが重要で、これがいわゆるまち歩き（フィールド調査）になるのです。自主防災活動の一つとして、このまち歩きをする組織が多いのですが、実際にはどこを見てあるけばよいかわからず、単に見てわかったことのみを成果としています。しかし、T-DIG課題抽出編を実施していれば、災害に対する地域の強弱がわかっており、どこを見て歩けばよいか考えやすくなります。ここで重要なのは、単に、「よその地域の活動事例集でまち歩きをやっているようだから、うちでもまち歩きをしよう」ではなく、その位置づけ、持つ意味を理解して実施することが重要です。

まず、まち歩きに向けて準備することは、

①住民からも情報を集める

自分や家族・知人が近所で災害時に気になる場所・気になることについて、地域のみなさんから情報を集めてみましょう。

②グループ分け

グループ分けはT-DIG課題抽出編でのグループを基本に下記のような分け方ができます。
- ・地区ごとにグループ分け
- ・T-DIGで分けたグループごと
- ・危険箇所（弱み・ハザード）と防災資源（強み）など見る対象ごとにグループ分け
- ・要援護者視点での確認グループ

グループが決まれば、それぞれのグループで、以下の通り役割を決めてください。

- ・リーダー：あらかじめ設定したルートにそってグループを引率する。
- ・記録係：歩きながら必要な情報（その場所での気づき、課題、写真撮影箇所等）の記録を行う。
- ・カメラ係：必要に応じてその場所を記録する。
- ・安全管理：自動車、自転車等からグループの安全を確保する。まち歩きに専念すると、意外とまわりが見えていないことがあるので注意が必要です。

③ルートの検討

　T-DIGの結果や①の情報をもとに、まちあるきのルートを検討（T-DIGで塗った地図を見ながら検討）します。ここで新らたに透明シートをかぶせてルートを検討してもよいです。ルートの決め方はT-DIG課題抽出編で実施したグループで地区ごとに異なるグループであれば、それぞれでまわる。あるいは、すべてのグループが同じ地域であれば、危険箇所、防災資源の分布をみながら、まんべんなくまわるルートを検討しましょう。この場合同じルートでも、まわる方向（順序）ルートを変えると違った見方ができます。このようにしてルートが決まったら、あらかじめ研修会を主催するグループで下見をしておくとよいでしょう。

④参加者の募集

　T-DIGに参加した方は引き続き参加してもらい、加えて、T-DIGに参加した方を通じて地区の幅広い層に呼びかけ、参加者を募ります。

⑤道具の準備

　実際に地域を歩く際には表2の道具を準備します。表2に書きましたように準備するものは対象地域の地図を縮小したものや記録するための道具です。最低でも地図、筆記用具、カメラは用意しましょう。

　次に、実際にまち歩きしてみましょう。（写真5参照）まずはグループ分けです。グループを分けるには下記の観点から検討するとよいでしょう。

　まち歩きをするときは必ずグループで行動します。よく、まち歩きをすると、グループからはずれて単独行動をする住民がいます。また、写真撮影、地図への記録を

表2　まちあるきに必要なもの

物品名	数・サイズ・用途など
まちあるき用地図	大きさはA4〜A3程度。 この地図を見ながらまちを歩きます。 確認した箇所写真撮影箇所などを記入する。
筆記用具	鉛筆、ボールペンなどまちあるき用地図に写真撮影箇所を記入、歩いたルートを記入、また気づいたことをメモする。
メモ用紙	A4サイズで一人一枚。まちを歩きながら、気づいたことなどを記録する。
クリップボード	メモ用紙を挟む画板のようなもの。歩きながら記録する。
インスタントカメラまたはデジタルカメラ	危険箇所、防災資源、地域の気になるところを撮影する。
腕章、のぼり旗など	地域活動していることを周辺に知らせる。
測量ポール、巻尺など（あれば）	道路幅、予想される浸水深を測る。

写真5　まち歩き風景

行っている間に他のメンバーが先に移動してしまうことがあります。リーダーは必ずグループが固まって行動するように、グループに目を配りましょう。以下、注意点を列挙します。

〈まち歩きでの注意点〉
・団体行動であるので、グループが分散しないように個人の身勝手な行動は慎む。
・交通事故、特にバイク、自転車等の接触に気をつける。
・他の歩行者へ配慮する。
・危険・注意箇所が個人の所有物の場合、その場で議論や写真撮影はトラブルのもと。

そして、まち歩きで見るポイントですが、T-DIG課題抽出編で出た場所を中心に以下の点をみていきましょう。

〈まち歩きで見るポイント〉
・危険なところ
・災害対応器材及び保管場所
　　→水利（消火栓や防火水槽・河川など）
　　→街頭消火器
　　→雨水貯水槽・銭湯（初期消火用の水）
　　→消防団・防災市民組織などの格納庫
・一次的に避難できるところ（広場や高台があって安全が確保できるところ）
　　→神社やお寺
　　→避難場所以外の公園
　　→畑

　　　→駐車場
・災害時に役立つところ○
　　　→病院や診療所
　　　→井戸、湧水
・公共施設
　　　→消防署・消防出張所
　　　→警察署・交番
　　　→区役所・出張所
　　　→会館
　　　→小学校・中学校
・頭の上、上空
　　　→看板、橋梁、高層建物（窓ガラス、ベランダの置物
　　　　等）

　また、まち歩きをする時期ですが、真夏の炎天下や真冬の寒い時期はさけて実施すると無理がなくてよいです。さらに、このような防災まち歩きと健康増進ウォークなどの地域イベントとの相互乗り入れで実施すると、多くの住民が参加しやすくなります。

2 防災マップをつくる

　T-DIGを実施し、まち歩きをしました。その結果を図16に沿ってまとめていきましょう。その前にまずこれから作る防災マップはみなさんにとってどのようなマップでしょうか？　その目的をはっきりさせましょう。防災マップとしてはまず大きく「事前型啓発目的」と「発災時利用目的」に分けられます。多くの地域では前者の事前啓発を目的に地図を作成し、対象住民に配布す

るケースが多いです。さらに、マップで何を伝えるかも検討しましょう。例えば、

・避難を支援する

　→避難場所利用ができそうな場所の表示

　→避難場所までの距離・経路上の危険箇所の表示

　→地域独自の避難所設定（運用については自治体と要相談）

・災害対応を支援する

　→地域内で「災害時要援護者」情報の必要性

　→地域の災害履歴（過去の災害等）について表示（地域の高齢者からも情報を収集）

　→備蓄資材や危険物の情報収集

・危険箇所・ハザードを周知する

　防災マップの目的が決まれば、作成作業にとりかかれますが、その際に準備するものを表3に示します。まず必要となるのが防災マップのいわば台紙となる紙です。この上に新しい地図を貼り、その上に必要な情報を記載しています。その際、まずT-DIG課題抽出編でできた地図およびまち歩きの結果をよくみて、議論し、必要な

防災マップ作成への道

図16　防災マップづくりの工程

情報のみ防災マップの地図の上に転記、記載していきます。

表3　防災マップづくりに必要な物品

物品名	数・サイズ・用途など
模造紙、厚紙	大きさはA1〜A2程度。マップの土台になる紙。まちあるきの対象地域を中心にして、その周囲に写真等貼付できる程度の余白があること。
地図	防災マップの基本図となるもの。T-DIGで使用したものをそのまま使ってもよい。
油性マーカー	色で表わせる必要な情報を地図に記入する。
付箋	まちあるきで出た問題点などを、付箋に書き込んで貼りつける。
はさみ	写真や付箋を切るのに使う。
セロハンテープ、両面テープ	写真の貼付に必要。
マグネットまたは画鋲	確認作業時、地図を黒板やホワイトボードに貼るときに使う。

次に、防災マップのレイアウト（構成）ですが、写真を地図上に自由に配置して吹き出しまたは矢印で示すやり方（吹き出し型）と地図の周りに写真を配置する方法（マンダラ型）があります。（図17参照）その際、写真には番号を付けておき、同時にその地図上のポイントにも同じ番号を付しておきます。また、撮影した対象が危険なものでそれを警告する意味であれば、写真の周囲を赤に、防犯の資源もしくは、役立つものであれば緑色で囲うなどすると、わかりやすいです。

防災マップの作成要領ですが、T-DIGで描いた地図＋透明シートとまち歩きを検討し、先のレイアウトを必

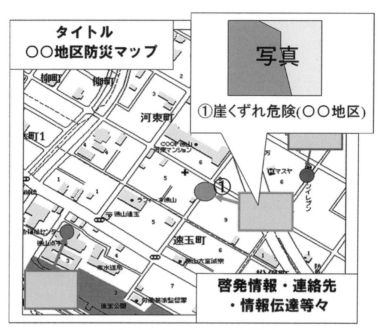

(1) 吹き出し型に写真を配置

(2) 写真をマンダラ型に配置

図17　防災マップのレイアウト

要な情報のみを転記していきましょう。このことからも作成する防災マップの目的、提示する情報をしっかり決めておく必要があります。あまり欲張って多くの情報を掲載すると、かえってわかりにくくなるので、思い切ってシンプルにするのも一つの考え方です。地域防災活動は継続しますから、また違うテーマと目的で防災マップは作成すればよいと考えてください。

　以上の作業を通して作成した地図は、使用目的にあわせて、配布方法、提示方法を考えましょう。もちろん費用的なものありますから、簡易的に印刷業者に頼んで、大判印刷し、図面を公民館といった住民が多く立ち寄る場所に掲示する、あるいは作成した地図を縮小してコピー印刷し、全戸配布するなど色々と考えてみましょう。
　最後に、防災マップ作成にあたっての注意点を列挙します。

〈手書き地図を配布物用地図へ〉
　　・版下の読み込み
　　　→スキャナ・デジカメによる接写の方法がある
　　・DTP（机上出版）ソフトによるレイアウト
　　　→イラストレータソフトによる版下原稿の作成し、
　　　　プリントアウトする。
　　・印刷業者
　　　→印刷、製本なども合わせて依頼

〈マップづくり時の注意点〉
　　・著作権の問題
　　　→防災マップ、T-DIGで基図に利用する地図については、「著作権法」の保護対象になる場合がある。

→コピー・印刷・ホームページ掲載など複製等をす
る場合、著作者の許諾を得る必要がある
・個人情報、プライバシーの問題
→個人所有のものが危険箇所の場合は要注意
→防災資源であっても個人のものであれば管理者、
所有者に許可をとる

　防災マップづくりはいかがでしょうか？　T-DIG課
題抽出編を行い、まちを歩き、防災マップを作成すると
いうこの一連の作業に参加すれば、立派な防災マップが
できますが、実はこれらの作業を通して参加者自身の頭
の中にもその情報はしっかり残り（自分で考え、目で見
て、手を動かして作ったものは忘れない）、いざという
ときの力になるというのが、筆者がT-DIGから防災マ
ップへと一連の作業をつなげて行うことの重要性を訴え
る理由です。かのガリレオ・ガリレイが言っておりま
す。「書きとどめよ。考え、議論したことをそのままに
風の中に吹き飛ばしてはいけない。」と。みなさんも議
論したこと、わかったことを防災マップとして残してく
ださい。

③ ハザードマップは防災マップにあらず

　第3章の最後にも述べましたように現在全国の自治体
でハザードマップの整備が進んでいます。ところが、近
年このハザードマップと防災マップが混同されている傾
向にあります。ハザードマップは災害の外力と行政によ
る定められた防災資源（主に公的避難所など）を示した
ものであり、防災マップはそれをベースに住民が、自分

達に必要な情報を書き入れたものとなります。これはマップの呼び方を云々言っているわけではありません。ハザードマップはその地域で災害が発生した際の影響に関するアセスメントの結果をわかりやすく表示、説明したもので、行政がつくるもの、一方、防災マップはそれに対する対策、対応に直結した情報が記載されたもので、住民がつくるべきもの、ということです。筆者もこれまで多くのハザードマップ作成検討委員会の委員長をやった経験からお話しすると、近年どうもこれらを勘違いして、行政が住民にマップを利活用してもらいたいがため、アセスメント表示以上の情報を掲載し（まるでスーパーの広告ちらしのように）、ハザードマップを防災マップ化してしまう傾向にあります。これでは、住民は何もすることがなくなってしまいます。つまり、防災マップ化したハザードマップは住民を過保護にし、住民自らが防災を考える機会をなくしてしまうことになるので注意が必要です。

　また、一般にハザードマップの基礎部分を作成するのは主に自治体の土木建築、砂防、港湾関係の部署ですが、最終的に活用を担当するのは防災の部署になります。縦割り組織で難しいとは思いますが、ぜひ関連部署が連携して、地域で利活用できるハザードマップ（防災マップではないもの）を作って欲しいものです。

第6章　地域活動を探る！
―災害図上訓練（T-DIG）その2　課題検討編

① 時間でみる地震と風水害・土砂災害との違い

　　次に住民には地域を「時間（軸）」で考えさせます。この時、災害発生前後でのその時間の流れが、地震と風水害・土砂災害では異なることを自主防災組織や地域住民の方々に念頭に入れてもらう必要があります。最初に、地震については、図18の上段のように地震は揺れてからすべての現象が一斉に生じ、それと同時に種々の対応を行うという特徴を持っています。その際、最も重要なことは、事前に耐震補強、家具類の転倒防止等の事前対策をしておかなくては、大規模地震の発生が予想される場合、最初の一撃で生き残れません。その一例として、1995年に発生した阪神・淡路大震災では、犠牲者約6,400人のほとんどが家屋の下敷きで亡くなりました。このように地震防災は、倒壊家屋からの救助訓練のような事後対応の訓練も重要ですが、補強など命にかかわる日頃の自助レベルの備えを支援し、事前対策の充実に力を注ぐ方向にまずもっていくとよいでしょう。

　　それに対し、同図の下段のように台風や前線活動による豪雨は徐々に状況が悪化していきます。しかし、この時点ではまだ人的被害は0で、いかに水害・土砂災害の発生の前に対応を完了させておくことが重要なカギとなります。しかし、地震とは異なり、まだ見ぬ（起こっていない）水害・土砂災害に向けてこの事前対応はいつ始

●地域防災とまちづくり―みんなをその気にさせる災害図上訓練―

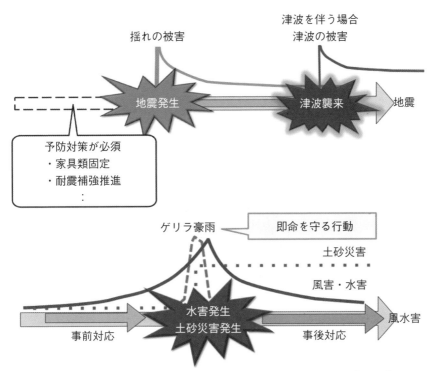

図18 対応に主眼を置いた地震と風水害での時間的相場観の違い

めたらいいのか、誰が最初に号令をかけるかなど、意外に難しいこと（これが毎年犠牲者を出す原因）であるとおわかりになるでしょう。

 # T-DIG課題検討編の概要

　繰り返しになりますが、T-DIG課題抽出編で地域の弱み、強みをとらえ、それをもとにまち歩きをすることで、地域のカルテともいえる防災マップが完成します。次は、このT-DIG課題抽出編と防災マップを資料にして、もし、災害が発生したとき、われわれ住民には何が

できるのか？　その際、どのような問題や課題が立ちは
だかるのかを議論していきます。これがT-DIG課題検
討編となります。

　図19にその流れを示します。まず、気象、災害の想
定をします。一見すると難しそうですが、「大きい地震
が発生して、家屋が倒壊した」、あるいは「台風X号が
接近してきて、土砂、浸水被害が出そうだ」などでも結
構です。

　地震災害と風水害の例を図20、図21に示します。図
20では、台風の接近とそれにより活発化する前線活動
により今後状況が悪化し、最悪災害が発生するとしたら
どの時点で自主的な防災活動、避難を行うか、その際の
資機材は何が必要であるかを検討してもらいます。

　次に、図21では、大規模な地震が地域を襲い、その
後沿岸部に津波が来襲するという想定で、初動や避難に
ついての可否と工夫等の検討を行っている例です。特
に、東北の日本海や北海道の釧路沖から三陸、東海・東
南海・南海、日向灘沖、奄美近海にかけては地震発生後
に津波の来襲する地域では、単なる地震後の直後対応に
加え、揺れがおさまってから津波が来襲するまでの時間
的感覚をしっかり頭に入れて、対応を検討することにな

図19　T-DIG課題検討編の流れ

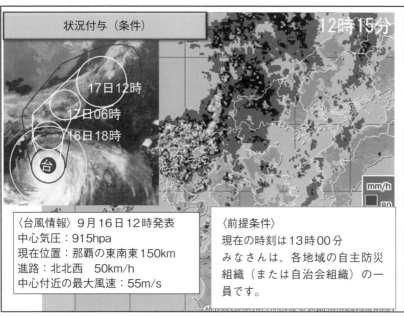

〈台風情報〉9月16日12時発表
中心気圧：915hpa
現在位置：那覇の東南東150km
進路：北北西　50km/h
中心付近の最大風速：55m/s

〈前提条件〉
現在の時刻は13時00分
みなさんは、各地域の自主防災
組織（または自治会組織）の一
員です。

（a）　気象情報提示例

時間の流れを意識した対応

警戒レベル2 大雨・洪水・高潮注意報	警戒レベル3 高齢者等避難	警戒レベル4 避難指示	警戒レベル5 緊急安全確保

自主防災組織の活動

優先順

対応内容　　対応内容　　・・・・

対応内容　　・・・・

⇒対応内容の確認、分担、共有

必要な防災情報　　・・・・・

（b）　検討画面の例

図20　風水害に備えた対応

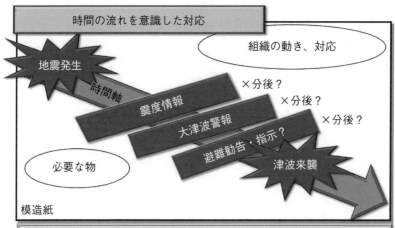

付　与

20XX年12月23日：05:00
立てないような激しい縦揺れに続いて横揺れが続きました。
〈NHKニュース速報〉
先ほど5時頃○○地方で大きな地震が発生しました。現在、気象庁で震源、
地震の規模など推定中です。仮に地震の震源が海の中ですと、津波の恐れが
あります。海岸付近の方は海に近づかないようにお願いします。

（a）　地震発生の付与

時間の流れを意識した対応

組織の動き、対応

地震発生

時間軸

震度情報

×分後？

大津波警報

×分後？

×分後？

避難勧告・指示？

津波来襲

必要な物

模造紙

課題：このように地震発生後、みなさんが行う（行うべき）活動とはなん
　　　でしょうか？優先順にあげてください。（この時間での地域の相場
　　　観は？）また、そのために必要な物、事、取り決めはなんでしょう
　　　か？　時間軸で整理しよう。

（b）　検討画面の例

図21　地震発生から津波来襲までの間の対応の検討

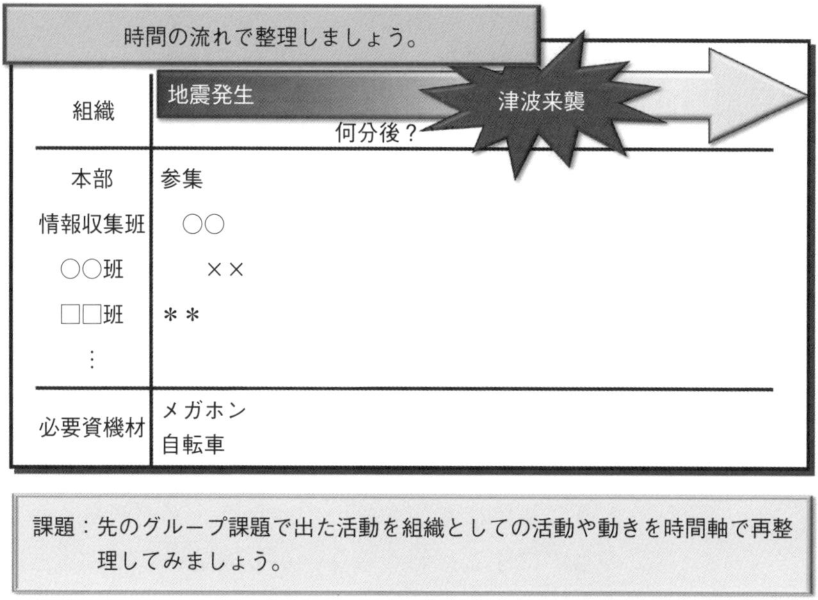

時間の流れで整理しましょう。	

組織	地震発生		津波来襲	
		何分後？		
本部	参集			
情報収集班	○○			
○○班		××		
□□班	**			
⋮				
必要資機材	メガホン 自転車			

課題：先のグループ課題で出た活動を組織としての活動や動きを時間軸で再整理してみましょう。

図22　時間に沿った組織ごとの対応の整理

ります。最終的には図22のように創出された活動を既存あるいはこれから作ろうとする組織ごとの活動に置き換えてみて、その時間的な流れを確立します。これら課題も含め、T–DIG研修の流れに沿った参加者への提示例については本書の最後の資料編に載せていますので、参考にしてください。なお、DIGにはこうしなさいという規則はありません。あくまでこの研修を通して参加住民に何を期待するのかを十分に考慮して着色する情報や提示する課題を設定してください。

　しかし、これらT–DIG課題検討編で答えが出たからそれでよしというわけではありません。それは所詮机上での検討結果ですので、この結果をうけ、情報伝達や声かけ、避難誘導、車いす介助、担架による搬送、安否確認等々を実際にやってみて、T–DIGの検討結果で出た時間的感覚通りであるのかどうか試す必要があります。

これが防災訓練、実働訓練と言われているものです。も
し、机上の検討結果と実働の結果があわなければ、対応
の流れに無理や工夫する余地があるということがわかり
ますし、再度T-DIG課題検討編で再検討が必要になり
ます。ここで、余談ですが、防災活動といえば真っ先に
思い浮かぶ、防災訓練、実働訓練を実施する目的には大
きく2つがあります。一つは、消火訓練のように機器の
使い方、対応方法を体で習得するという目的と、もう一
つは、例えば、自宅から避難所の学校まで何分で避難が
可能か、その間に危険なところはないかなどの確認と検
証を行うことを目的としています。つまり、映画を見に
行くように訓練に参加するのではなく、必要があるから
自分のものにする、わからないから検証をしてみるとい
うとらえ方であるわけです。したがって、机上で相場観
がある程度まとまれば、それを実働で検証してみようと
いう発想を持つことが重要です。地域で「どんな防災訓
練をやったらいいのか？」ということを言っているよう
では、その組織や地域は災害、防災についてきちんと課
題出しをして検討していないという証になります。そう
しなければ、いわば言葉だけの防災になってしまいま
す。

〈対応といえば、出てくる言葉だけの防災の例〉
　・要員参集、情報伝達が重要
　・救助、適切な避難誘導が重要
　・要配慮者の支援が必要
　　　　　　：

　もう、おわかりですよね。言葉で言うのは簡単、でも
具体的にはどうするのか考え出すとなかなか難しいで

す。ですから、いろいろ考えるべきことがたくさんある
わけで、このことからも、地域防災、自主防災組織の活
動が暇になることはないのです。

③ 防災は"想像"し、 "考え"て、"検証"する

　防災活動の事例は行政が配布するパンフレットや防災
に関するハウツー本、過去の災害の教訓から学びます。
しかし、最初はそれでよいのですが、最後は自分たちに
あった防災活動、備えを考える必要があります。数学や
理科のように単に教科書を暗記しているだけでは、災害
時には対応できません。したがって、「災害時の事例を
見て、自分のこととして想像し、アイデアを考え、それ
を検証」します。

　例えば、災害時も含め人が必要とする水は1日あたり
3リットルです。避難する際にすべて持っていく必要が
ないですが、避難先で喉が渇いたときに、やはり若干で
も持ち出しておかないと、不安になるでしょう。仮に6
人家族だと3リットル×6人=18リットル（灯油缶1つ
分）となり、避難する際に持ち出すのに困ってしまいま
す。そこで、500mlのペットボトルに小分けにすること
を考えます。そうすることで、例えば、背広を着用すれ
ばズボンとあわせて約8本（4リットル）をポケットに
入れることができ、しかも手ぶらで避難することができ
ます。子供たちには250〜350mlのペットボトルを持た
せるとよいでしょう。その際に、ポケットのたくさんあ
る釣り用のチョッキを着せると、より多くのボトルや防
災品を持って逃げることができます。

　あるいは、家屋が倒壊した際に救助に使える身近な道

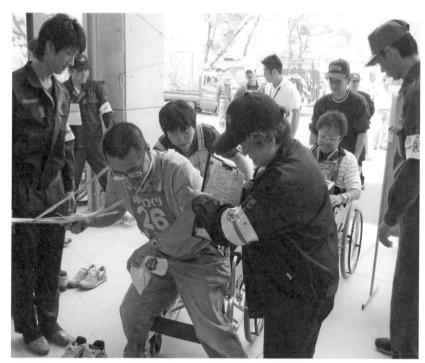

写真6　実働で検証～シニアポーズによる高齢者徒歩避難の検討風景～

具はなんでしょうか？　想像してみてください。車のジャッキですね。1995年阪神・淡路大震災以来、木造家屋に閉じ込められた際に使える道具として自主防災組織に認知されてきました。では、これですべてOKでしょうか？　車のジャッキは家屋の梁を持ち上げるのに有効で、その場合、家屋の屋根と梁がそのままの形で残っている必要があります。ところが、神戸の地震でも震度6強や激震地域であった地域では、木造家屋が地面に激しく叩き付けられ、卵の殻が地面に落ちて砕けるように倒壊した事例が多くありました。こうなると、もうジャッキは使えません。この場合、何が必要でしょうか？　そう、ツルハシ、スコップ、のこぎりです。このような倒壊家屋では家屋の真上から、つまり屋根を破って中へ進

入することがありますが、その際、家屋が2階建てなら、2階部分の畳が障壁となって現れます。これを突破するにはのこぎりが必要で、電動のこぎりでないと処理に時間がかかります。すなわち、被害のひどい家屋からの救出には電動のこぎりと自家発電装置が必要ということになります。さて、みなさんは、閉じ込められた人を家屋から救助するのに電動のこぎりと自家発電機が必要という発想はありましたか？

　このように災害が発生するとどのようになってしまうのか、それに対応するにはどうすればよいかしっかり考えてみてください。そのために本書の冒頭で述べた通り書店で売られている災害写真集を購入して、よく被害の様相を頭に入れておきながら、T-DIGの課題検討編を繰り返しやってみて、課題ごとのそれに対する対応策と知恵を出していきましょう。災害、防災はものまねだけでは不十分だということがおわかりになると思います。

第7章　避難所を考える！
―災害図上訓練（T-DIG）その3 避難所運営編

1 災害図上訓練（T-DIG）で 考える避難所運営とは？

　近年、災害による死者数をみると、地震等の災害による直接死に加え、災害後の避難所生活において、犠牲になるいわゆる災害関連死が増えています。例えば、2016年の熊本地震では、災害関連死の数が218名にものぼりました。これは犠牲者数273名の実に80％を占めています。せっかく地震や水害・土砂災害で助かっても、特に高齢者をはじめとする要配慮者にとっては避難所等での生活には生命を脅かす高いリスクが引き続きあることを防災リーダーや住民は知っておくべきです。

　そこで、避難所運営をどう考えればよいのでしょう

写真7　災害図上訓練 T-DIG 避難所運営編の実施風景

か？そのきっかけづくりのツールとして、災害図上訓練
（T–DIG）を使ってみてはいかがでしょうか。これまで
説明してきた自分の地域を知るために、地域の地図を使
っていました。避難所を検討する際の課題抽出編では、
地域の地図の代わりに避難所の平面図やその敷地図を使
います。そして、課題検討編では、避難所に避難してく
る避難者を想定して、それに応じてどのように対処する
かを考え、避難所のもつ課題や改善点を検討します。

② 課題抽出編 まずはレイアウトの検討

　まず、図面については、避難所内のレイアウトがわか
る白黒平面図とその建物が入った敷地図を用意します。
例えば、小学校の体育館が避難所なら体育館の平面図と
その体育館を含む学校の敷地図（建物と運動場等の配置
図）を準備します。参加者にこれらの図面について、見
やすく、議論しやすいように配置してもらい、図面をテ
ープで固定します。図面の固定後、その上から透明シー
トで覆ってテープで止めます。

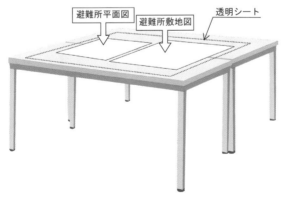

図23　図面配置の一例

◎必要な図面
　　・A0版またはB1版サイズ程度の大きさの図面
　　・図面は対象となる避難所建物内の白黒の平面図（学
　　　校体育館、公民館など）
　　・図面は避難所建物を含む敷地図（学校体育館と校
　　　舎、運動場や公民館と駐車場など）

　そして、この図面に対してマーカーで塗ったり、●シールを貼ったりしながら避難所や敷地図の形を把握したり、受付などの機能をどこに置くかを議論してもらいます。

〈基本図の作成〉
①避難所建物内のつくりの理解
　　◎避難者の居住スペースの検討
　　　緑色マーカーでその範囲を囲います。
　　◎トイレの位置の確認
　　　男性用トイレに青色●シール、女性用トイレに赤色
　　　●シール、高齢者・障がい者が利用するバリアフリ
　　　ートイレの位置に緑色●シールを貼ります。
　　◎受付位置の確認
　　　入口から居住スペースへの流れのイメージを考え、
　　　受付位置に黒色マーカーで受付と記入し、破線で囲
　　　みます。
　　◎事務局・本部運営スタッフが使用する部屋やスペー
　　　スの範囲を紫色マーカーで囲みます。

②避難所建物を含む敷地のつくりの理解
　　◎車両駐車位置の確認と検討
　　　避難所運営に関わる関係者や車避難者のための駐車

スペースを黄緑色のマーカーで囲みます。このとき、歩行する避難者の安全、避難所内への排気ガスの流入防止等に配慮するようにアドバイスします。

◎住民やボランティアによる炊き出しスペースの確認と検討

　炊き出しスペースが必要であれば、オレンジ色のマーカーでその範囲を囲みます。

◎仮設トイレの設置位置の確認と検討

　仮設トイレを設置する位置に青色●シール（男性用トイレ）、赤色●シール（女性用トイレ）を貼ります。このとき、必要に応じて給排水を考慮に入れるようアドバイスします。

◎その他付帯すべきものについての確認と検討

　例）洗濯スペースや自衛隊等による仮設風呂、一時的に活動で参画したボランティア団体による炊き出しや奉仕作業などのスペースをマーカー（色は任意）で囲みます。

③ 課題検討編　どんな避難者が避難してくるのかな？

　課題抽出編で、避難所となる建物と敷地について確認ができたら、次は、避難してくる避難者を想定して、さらに詳細に避難所が具備すべき点について深掘りして検討していきます。地域に住む住民をグループで検討して、例えば、図24のような避難者の情報を作成して、その避難者を避難所のどこに落ち着いてもらうかを検討します。健常者だけではなく、地域の実情に近づけて、避難者を設定してみましょう。

◎避難者の一例

　・単独世帯、核家族世帯、三世代世帯、高齢者世帯等
　・要配慮者（高齢者、乳幼児、幼児、障がい者等）
　・外国人、観光客等
　・発熱など体調不良を申告してきた避難者

```
受付番号：　　　　　　地域(自治会)：＿＿＿＿＿＿＿＿

世帯番号：＿＿＿＿＿＿

氏　名：＿＿＿＿＿＿＿＿　(年齢　　歳)

自宅：全壊　半壊　一部損壊　床上浸水　床下浸水 (該当に○)
特記事項(該当に☑)
□病気( 呼吸器系　循環器系 ) □怪我
□妊産婦　　　　□要介護　　　　□医療機器使用
□障がい者( 身体　精神　療育(発達障害等) )
□アレルギー(食物：卵)
□その他(　　　　　　　　　　)
```

図24　想定する避難者情報の一例

　以上の避難者を設定することで、課題抽出編で確認し
た図面のままでよいかどうかを以下のように再検討しま
す。そして、図25のように長方形（短冊状）の付箋紙
に世帯番号または受付番号を記して、図面上で、居ても
らう位置に貼ります。もし、世帯数が少ない場合には、
付箋紙をハサミで切って、短くして貼ります。この際、
避難者の占有面積を踏まえて図面に貼っていくとよいで
しょう。また、感染防止対策のダンボール等による仕切
りがある、または必要な場合には、黒い線で仕切りを記
載します。

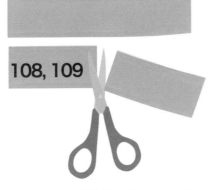

図25　付箋紙の使い方の例

◎避難所のゾーニング、機能の見直し

　・女性更衣室・授乳スペースをピンク色マーカーでなぞります。
　・介護者専用スペースを黄色マーカーで囲みます。
　・子どもの遊び部屋を茶色マーカーで囲みます。
　・相談窓口については窓口と記載し、破線で囲みます。
　・その他改善が必要であれば、図面上で追加や修正を行います。

　これら検討した内容を踏まえ、避難所に具備すべき什器類や消耗品などを列挙し、必要な備品、消耗品もあわせて、付箋紙に記入して該当する場所に貼ります。あるいは図面に直接記入しましょう。

 ## 机上で検討したら、現場で検証

　避難所図面を使っての検討は机上での検討に過ぎません。本書で繰り返し説明してきたように、机上で検討し

た後は、それが本当に妥当なのか、それを実際に行うにはどのくらい手間がかかるのか、あるいは効率的なのかを現場で検証することが重要です。すなわち、地域の避難所となる場所で実際に実働型の避難所運営訓練が必要です。もし、訓練を通じて問題が生じ、現場で改善策が出ない場合には、再び机上での検討、すなわち災害図上訓練T-DIGを行い、机上で修正を行う必要があるでしょう。このように、まずは机上において検討して計画をつくり（PLAN）、その後に実際の避難所で運営訓練を実行して（DO）、検証を通して評価（CHECK）します。もし、改善点や課題が見つかれば、その場で、あるいは再び机上で検討して（ACTION）、次につなげていきます。このように机上で検討し、現場で検証することで、PDCAサイクルを回すことができます。

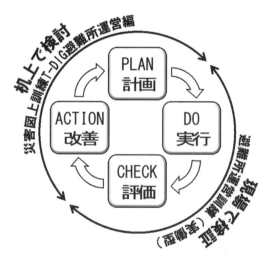

図26　災害図上訓練T-DIGと避難所運営訓練との関係

5 避難所運営検討にあたっての観点

　避難所運営の検討を始めるにはやみくもに考えるのではなく、いくつかの観点（切り口）で検討する方がよいです。そこで、避難所運営のために考えるべき観点（切り口）の一例として、例えば「居」「食」「什」で考えるとよいでしょう。これは「衣食住」の文言をもじったものです。それぞれの意味は以下の通りです。

居：避難所のレイアウトとゾーニング
・避難者居住スペースのゾーニング
・受付、配食、配給等の位置と動線
・要配慮者のいる家族、乳児のいる家族への配慮
・駐車スペース、仮設トイレ、炊き出し、仮設風呂等の位置
・男女別のトイレや更衣室、女性専用の就寝場所、洗濯干し場等の女性に配慮したスペースの確保
・授乳室や小さい子どものためのプレイルーム
　　　　：

食：給水、給食、炊き出しをどうするか？
・食事について高齢者や食物アレルギーへの配慮が必要な避難者への対応
・災害時に義歯を紛失し、食事に不自由をきたした避難者への対応
・災害によるストレスによって食欲がない避難者への対応
　　　　：

什：居住のための仕切りに何を用いるか？
・トイレは仮設が必要か？どこにどのくらい設置するか？
・受付、運営、事務局で必要となる資機材や什器類は何か？

6 避難所は地域を映す鏡

　ここでは災害図上訓練T-DIGの応用として避難所運営検討へ向けての方法を記してきました。避難所は地域の一部であり、地域性や災害ハザード、地域が抱える課題が凝縮されて、災害時に噴出する場所でもあります。言い換えると、避難所は地域の現状や課題を映す鏡ともいえます。この課題をそのまま放置しておくと、一度災害が発生すれば、要配慮者を中心に災害関連死という悲惨な結果をもたらすことは、過去の災害が証明していま

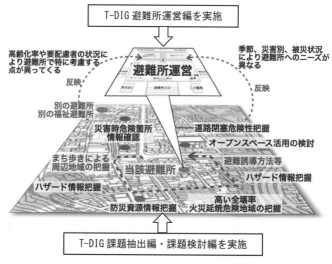

図27　避難所は地域の現状や課題を写す鏡

す。単なる運営の知識やお手前だけではなく、自分の地域を知り、人を知ることが、避難所運営の基本であり、根底にあるものです。言い換えれば、避難所運営を検討するには、その前提として地域全体について考えなくてはなりません。このように地域と避難所の両者は切り離すことができない関係にあることを知っておきましょう。その上で、災害図上訓練T-DIGが単に災害対応を検討する手法ではなく、テーマや対象者、取り扱う課題によって変幻自在なツールであることがおわかりになると思います。

第8章 地域防災活動は 持続できるか

 ## やっぱり持続は難しい防災 活動？

　「継続は力なり」という言葉があるように地域で自主防災活動を続けることは、地域の防災力を継続させ、向上させることができます。例えば、梅雨時期の前の防災パトロールや避難訓練、消火訓練などを毎年続けていきます。（図28参照）ところがこれを続けて実施するには、熱心なリーダーとそれにこたえる住民が必要で、お互いに元気に防災活動を続けていくことが理想的ですが、現実はそううまくいきません。つねにその活動が止まってしまう危険性を持っています。その理由を考えてみましょう。

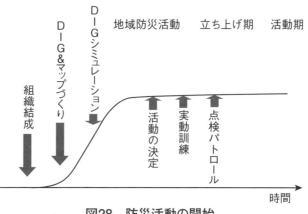

図28　防災活動の開始

まず、活動が休止する原因の一つは活動のマンネリ化
です。もっと詳しく言えば、防災という、いつくるかわ
からない災害に備えて行う“特別な活動”が“陳腐化し
た”ときの脱力感がブレーキになるともいえます。さら
に、活動が低下するもう一つのリスクが、防災組織の
リーダー、会長が交代するときです。（図29参照）一般
に防災組織の初代の会長はその組織のたちあげに尽力し
ているわけですから、非常に熱心な方が多く、また、そ
の方が働きかけることで住民が賛同し、参加した結果
（あの人が言うから参加したという構図）として組織が
できあがっていっているので、その呼びかけた信望の厚
いリーダーが変るとき、それを引き継ぐ者も先代に引け
をとらないくらい信頼を得ていないと、住民のモチベー
ションが降下するのも当然の結果といえるでしょう。

　また、組織の立ち上げ時に、地域外の防災の専門家や
それと連携する業者による防災ワークショップを実施し
て地域を加熱していくことがあります。ところが、地域
性を理解していない者（よそ者）がその地域の防災を煽
るだけ煽り、牽引し、やがて離れていくと、地域防災に
向けた力や関心に穴があくなどの空洞化により、住民の
動きが止まり、せっかく培った防災活動へのモチベー

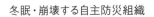

冬眠・崩壊する自主防災組織

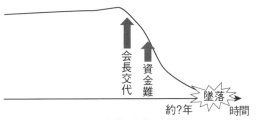

図29　防災活動の黄昏

ションが墜落したりします。さらに、寝た子を起こすような課題をぶつけて、解決方法を提示しないうちに仕掛け人がいなくなるような場合には、住民の混乱を招くこともあります。

このように防災活動、組織がひとたび墜落してしまうと、再び、モチベーションを高めたり、住民どうしのコンセンサスをあわせることが難しくなります。ちょうど、まちづくりが失敗する場合と同じ結果になります。住民から「やろうと言われてやったけど、今度は二度とだまされないぞ！」といった具合です。

持続可能な活動へ向けて

では、墜落しないためにはどうすればよいでしょうか？　まず、防災活動を単独で実施すると長続きしないことが多いので、地域でのお祭りでテントを設営したり、料理を用意したり、運動会でのけがの手当てをすることが、実は災害時における救護所づくりや炊き出しの訓練、救護訓練となります。要は肩に力を入れず、住民が知らず知らずに参加でき、楽しく活動できるところからまず考えていきましょう。さらに、みなさんの地域の中には、まちづくりや川づくり、子供の育成など様々な工夫をされて地域で活動されている方がおられると思います。そういう方を見つけるなどして、その地域活動の達人、名人と連携して防災イベントを実施するのも長続きする秘訣です。防災力の向上という目標は重要ですが、それにとらわれ過ぎると自主防災活動は長続きしません。地域おこし、地域づくり、子供への学習など様々な活動と連携して行うことが長続きの秘訣です。

以上のことからお分かりのように、防災活動をやることは重要ですが、あまり加熱しない方がよいでしょう。その高さを保とうとすると大変な労力を要します。図30でいうと、その高さを競うより、それら一連の活動が長続きするよう（図でいえば、低くてもよいので、いかに同じ高さで横に引っ張るかが重要）にしましょう。墜落しないための高さはどの程度がよいか。それは地域でやることですから、自治会活動程度にとどめるのが一つの目安です。よく熱心に防災活動されている地域の方にお会いすることがありますが、あまりに熱心にされる方には自治会活動の方は大丈夫ですか？　とお聞きします。自治会活動ができないほど防災活動をしては本末転倒ですね。したがって、一つの活動を実施するために実施者も参加者も大変な労力と時間を費やすよりも、気軽にできる方法を複数回やった方が効率の面からもよいのです。

　そこで、長続きさせる知恵として、年に数回の防災イベント以外に地域防災活動を消滅させないための保険をかけておくとよいでしょう。ここでの保険とは、防災活

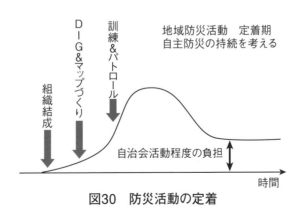

図30　防災活動の定着

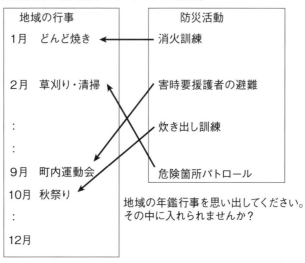

地域活動と防災活動とのマッチング（保険）

地域の行事	防災活動
1月　どんど焼き	消火訓練
2月　草刈り・清掃	害時要援護者の避難
：	炊き出し訓練
：	危険箇所パトロール
9月　町内運動会	
10月　秋祭り	
：	
12月	

地域の年鑑行事を思い出してください。
その中に入れられませんか？

図31　防災活動と地域とのマッチング

動を普段行っている地域の活動に取り込んでしまえれば
という考え方です。1年を通してみなさんの地域で行わ
れる地域活動を列挙してみてください。そして、前述し
たT-DIGで出てきた事前にやっておくべき防災活動と
地域活動とを突き合わせて、対応できるところはないで
すか？（図31参照）例えば、敬老会で高齢者の所在の確
認と健康状態（不自由な部分はないか等）の確認と記
録、あるいは地域の運動会で竹竿と毛布を使った簡易担
架による搬送競技（人は危険なので西瓜や南瓜を使う）、
秋祭りでの炊き出し等たくさんあります。図32にある
ように地域の清掃作業の他に溝掃除も兼ねて、水害時の
危険箇所の点検など入れることも可能です。この場合、
たとえ自治会長や防災組織のリーダーが交代しても、毎
年やっている行事であれば、日付の部分が変わるだけ
で、中身は変わらないことが多く、その結果、危険箇所

の点検という活動が知らず知らずに生き残るのです。このように防災活動を平凡化（陳腐化ではなく、特別に労せずごく当たり前にやれるということ）してしまうことが長続きの秘訣というわけで、数年に一度しかできないような派手なイベントを開催するより、平凡で、地味でもそれを持続することの方が、地域の防災力の大きな力となります。

　実際にされている活動、実施するとよい活動の一部を記します。

・「防災を楽しくやろう！」をスローガンに食事会やイベントを交えた日々の交流

・防災用品を100円ショップで購入し、工夫する。

・災害環境下で、災害食をいかに美味しいご飯に仕立て上げるかをコンテスト形式で実施

・小・中学校や地区の運動会で担架リレーやバケツリレー、土嚢積み競争等を実施

　これは地域の避難所、拠点となる学校でこの種の道具を保管しておき、その場で保護者、地域の方（自主防

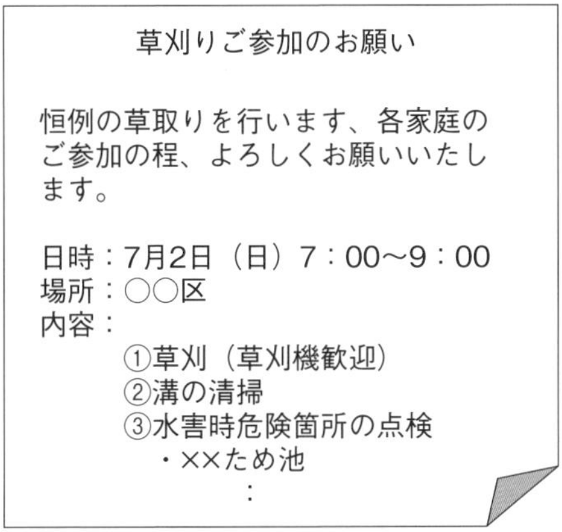

草刈りご参加のお願い

恒例の草取りを行います、各家庭のご参加の程、よろしくお願いいたします。

日時：7月2日（日）7：00〜9：00
場所：○○区
内容：
　　①草刈（草刈機歓迎）
　　②溝の清掃
　　③水害時危険箇所の点検
　　　・××ため池
　　　　　　：

図32　よくある地域行事のご案内
　　　こうなると理想的

災組織等）が一体となって運動会競技（訓練）をすることの意義は大きいです。しかも、なんといっても普段は忙しく地域活動や防災活動に参加しない保護者世代が子どもとともに参加します。毎年繰り返し実施することになります。そうすることで、準備は学校の先生とともに行うので、自主防災組織のリーダーの負担を軽くすることができます。

・防災回覧板をつくり、回覧する。
・高齢者による行事（門松づくり教室など）を通して、高齢者への啓発等を行う。
・防犯の青パトを活用して、危険箇所を点検する。
・子供防犯の組織を基盤として防災活動を開始し、若い世代が防災活動を引っ張る。
・自治体、公民館主催の料理教室で、炊き出しのノウハウを伝授する。
・自治体、公民館主催のパソコン教室で、インターネットを介しての国、都道府県、市町村防災情報システムへの利用方法を学ぶ。

　最後に、地域防災活動を始めるにせよ、進めるにせよ、住民への防災教育が必要です。防災教育はまず避難勧告や避難判断水位、土石流危険渓流、土砂災害警戒情報といった命に関わるような用語の理解や活動するうえで最低限の知識を吸収し、地域の災害観を頭に入れます。次は、地域住民自身が地域のことについてどうすればよいかしっかり考え、住民自身が答えを見つけていく。災害時、みなさんの傍らに防災の専門家がいるわけではないので、住民が答えを見出しておくことは重要です。仕込みと引き出しが防災教育の方法で、お酒造りと同じというお話をしました。このお酒は地域によって味が違います。日本には地域それぞれに地酒があります

ね。それと同じく、地域によって防災は違うのです。ただ、この酒造りには必要なもの、酒がうまく発酵するための影の立役者である杜氏役が必要です。「おいしいお酒になれ、おいしいお酒になれ……」とか言いながら、棒で発酵を促すわけです。まさに、このような地域の杜氏役、すなわち地域のリーダーを見出すといいでしょう。このような杜氏役ができる人は先に示したようにたいてい長年自治会、町内会を引っ張っているような方、地域の川やまちづくり、子供活動で活躍している人が適しています。ぜひ、探してみてください。繰り返しになりますが、これも防災活動を長続きさせる秘訣の一つです。

③ 共助をもって自助力アップを！

　災害が発生した際、個人（自助）では無理な時、お隣どうしや組織での助け合い（共助）をすることはおわかりになると思います。しかし、災害は頻繁にはきません。ぜひ、災害前もこの発想"自助がだめなら共助で"を持って欲しいです。例えば、地震対策の基本である家具の転倒防止ですが、これも地域ではほとんど進んでいません。なぜなら個人のことだからだと考えてしまうからです。しかし、仮にお隣の方が家具の下敷になれば助けに行くという共助が発生するので、他人事ではなくなります。したがって、自助レベルで固定が進まないなら、共助を持ってそれを推進してみてください。例えば、地域の盆踊りでのくじ引きや夏祭りでのビンゴ大会、商店街の抽選会、敬老会での記念品等の中に家具の固定具をはじめとする命を守る防災グッズを中心に混ぜ

て、配布してください。普段忙しく家具の固定などに関心がない人でも、もしそれが当たったら嬉しいので恐らくご自身で固定具をつけるかもしれません。ひょっとすると、そのよさに気づけば今度はご自身で購入して、固定するかもしれません。これは人間の心理をついたセコイ方法かもしれませんが、もし、この方法を仮に10年続けたなら地域の固定率はかなり高くなっているといえます。

　このように人任せでは進まない自助の課題は、共助として他の行事やイベントの一部に組み込むことで、意外と解決できることがあります。

第9章 「災害・防災」という 道具の使用上の注意

 ## コミュニティを破壊させる 防災研修

　災害・防災という地域に密着した話題は、これ自体、地域を活性化するために有効な道具であるといえます。なぜなら、そこに含まれる「災い」は住民共通の話題になりうるからです。地震が起きたり、台風が通過した次の日、多くの住民が発する第一声は「お宅どうでした？」、「昨日揺れたね！」です。このことからも住民にまちづくりへの関心を持ってもらうためには、「災害、防災」は大変有効な道具といえます。しかし、その反面、防災はこれを誤って使うと、地域コミュニティを破壊させる危険性も持っています。以下にコミュニティを破壊する典型的な例を示します。

・その地域の実情を全く知らない学識経験者やコンサルタント業者、NPO 等が防災一般論や地域性を無視した防災思想を押し付ける研修。

・国家資格でもなんでもない防災に関する資格・肩書きを印籠代わりにして地域に入り、高圧的な態度（なぜ〜しないのか⁉　〜しなさい！）により、住民の主体性を削ぐ、一方的な防災指導を行う。

・巨大災害が来襲し、地域が破壊され、多くの犠牲者が出ることを強調して危機感のみを与え、具体的な対策は掲げずに精神論的な防災推進「自助、共助が大切です。」「それは今後の検討課題です。」等を煽るだけ煽

って、やり逃げする研修。

・河川改修等行政側がすぐには実施できない防災対策へ
　帰着させる、あるいは、その方向へ持っていってしま
　う研修。

・その地域に昔からあるため池等の施設について、その
　恩恵を受けている先住の住民とその恩恵とは関わりが
　ない新しい住民が存在するとき、単に防災という観点
　から、それを災害危険箇所として鮮鋭化させて、両者
　に対立関係を生むような研修を実施する。

　このような例が生じると、その不満や不安の矛先が、
その「者」たちを呼んだ地域のリーダーや行政担当者へ
と向けられます。その結果、今まで隠れていたコミュニ
ティの亀裂が顕在化したり、行政不信に陥る可能性があ
ります。こうなると、その地域に行政が働きかけをする
ことすらできなくなります。

　このように防災はその使い方によって、地域に大きな
影響を与えることがあることを、地域防災推進に携わる
者は知っておくべきです。

 ## ２ 直接地域に入って研修する際の注意点

　地域は、そこの自然条件も含め、風土、住民気質、歴
史、習慣など多種多様な違いを持っており、それを土台
にしてコミュニティを形成しています。さらにその上
に、過去の災害履歴が加わり、防災意識の高低も様々で
す。いわゆるこれが、「地域性」（地域特性ではありませ
ん）です。ですから、そこで実施する地域防災もそれに
あわせた処方箋が必要となります。この処方の仕方を考
えるため、研修を行う前に地元に対して以下のような段

取りが必要となります。

・その地域がコミュニティレベルで一枚岩であるの
か、あるいは、いくつかのグループ（派閥）に分か
れているかの確認をする。例えば、リーダーのコン
トロール可能なコミュニティ組織、住民構成になっ
ているかなど把握が必要。

・実施や推進を働きかけている地域リーダーが孤立状
態（地域で勇み足）になっていないか。

・実施を呼びかけている者、あるいは、その背後に地
域や行政に影響力の強い者の姿があるかどうか。も
し、そうであれば、いい点や悪い点も含め、その人
物の影響力が出ることがあるので、注意した打ち合
わせが必要となる。

・過去に甚大な災害履歴（人的犠牲者を出した経験）
を持っているかを確認。

・過去に甚大な災害履歴はないが、小規模被害を毎年
繰り返し経験していないかを確認する。さらに、そ
の原因が人工物に起因しているか否かも確認する。
このような場合、行政や住民一個人に対しての怨念
が地域に巣くっている可能性がある。また、ハザー
ドマップの整備直前の地域である場合は慎重に研修
を行うべきで、その内容を検討する。

・最終的な落としどころ、帰着点、研修の目的を明確
にする。例えば、講演程度にするのかといった研修
形式についてと、内容のレベル（どこまで現実に則
して辛辣にやってよいかなど）を確認する。
また、研修後に次に何をすべきか等繰り返し問い合
わせが入ることがあるので、そのことも留意してお
く。

・過去に災害、防災に関して行政との対立を招いた経

緯や行政への不満があるかどうかを確認する。例え
ば、浸水常襲地域で、河川整備が遅れているような
地域かどうか。

・どの程度の範囲の住民の参加を考えるか検討する。
・研修においてどのタイミング、どのような方法でそ
　の地域から抜けるか。（住民に自立してもらうか）

　このように、防災研修を依頼されて、その地域で実施
する際に、当日地域に入って即研修ができるものではな
いということを理解してください。さらには、研修した
際の住民の意識や要望について行政がその後コントロー
ルできる許容範囲にあるかも確認します。

第10章 防災啓発・活動のための連携先を模索する

① 自主防災組織だけではもう限界

　近年各都道府県における自主防災組織率はどこも高く、一見すると地域の防災力が向上したかに見えます。しかし、組織による活動が休止していたり、非常に活発に活動している組織とそうではない組織との差が激しくなったりと、地域によって様々な実態を見ることができます。実際地方では過疎化や少子化の加速によって防災活動を行う担い手がいないという状況も生じています。したがって、地域防災力を醸成してそれを支えるのに自主防災組織だけでは困難といえます。そこで、自主防災組織どうしが合同で訓練や活動を行ったり、地元企業と協働で防災活動を行ったりといった自主防災組織と他組織との連携、助け合いを模索するケースが出てきました。ここでは、自主防災組織と地域で身近な消防団、女性防火クラブ等との連携について説明します。

② 消防団との連携を模索する

　平成23年に発生した東日本大震の津波により、各地で懸命に活動してくださった消防団員の多くの命が失われました。その要因には、火災に対しては訓練を行っている消防団ですが、津波などの地震災害に関して対応が

未経験であったことや、特に避難の呼びかけなど住民への対応に時間を要したケースがあることがわかってきました。このような背景から平成25年に「消防団を中核とした地域防災力の充実強化に関する法律」が施行されました。これは主に消防団員の加入促進や意識の高揚、資機材の整備といった消防団自身の「自助力」の強化と、消防団が自主防災組織と連携し、消防団がその指導的な役割を果たすという消防団と地域との「共助力」の充実を促す法律となっています。しかし、消防団といっても団員は自主防災組織と同じ地域住民です。そのため、地域のリーダーの方々と同様に地域の防災活動全般に関して学ぶ必要があります。特に、消防団は迅速な消火活動という応急対応活動に主眼が置かれた組織であるため、災害前の普段の予防活動については不慣れといえ、この点についても消防団員が理解しておくかなくてはならない点が多々あります。

　では、普段から消防団はどのように地域の防災啓発と関わるかですが、以下の点について自主防災組織や町内会と連携・協力しておく必要があります。

・地域におけるハザードマップの普及、定着のための方法を検討し、住民への周知活動を一緒に行う。あわせて消防団員への周知も行う。
・防災まち歩きや防災パトロールを一緒に行い、地域の危険箇所等を自主防災組織と消防団で共有し、住民へ周知する。
・風水害といった災害発生前や地震発生後の対応について、消防団と自主防災組織の役割分担や段取りを明確にし、共有しておく。もし可能であれば、それらを地区防災計画として記述し、行政に提出しておく。

・上記に関連して、災害時に援護を必要とする要配慮者（守秘義務なし）とその中で特に避難支援を必要とする避難行動要支援者（特定の者に対して配布され、守秘義務が課せられた名簿あり）への対応方法と分担を明確にしておく。

・上記の対応と避難支援に関して現場検証としての防災訓練を一緒に行っておく。

・地域防災活動をする上で協力をお願いする機関（例えば学校など）に対しては、地域や自主防災組織の代表だけではなく、消防団長等が一緒にお願いをする。

・地元の商店に自主防災組織推奨の非常持出し品の販売コーナーを設けてもらうよう依頼し、ネット通販ができない高齢者でも気軽に購入でき、備えられるようにする。

③ 女性消防団・女性防火クラブとの連携を模索する

　次に、家庭での火災予防の知識の習得や地域全体の防火意識の高揚などを目的に日々活動されている女性防火クラブの方々がいらっしゃいます。女性防火クラブは防火を主として活動されておりますが、今後はぜひ防災全般に関しても地域と連携して防災活動の支援をお願いしたいと考えています。例えば、地震への対策として筆頭に挙げられる家具類の転倒防止の普及活動です。家具の転倒防止措置については、防災講演会や自主防災リーダー研修会等を通じてくりかえし普及と推進を呼びかけていますが、なかなか実行されません。これは、このような講演や研修を受講しているのが男性であることに起因していると考えています。つまり、家具の転倒防止対策

は住まいの環境づくり、家庭の切り盛りの一環で、それを日々行なう主婦にこそ働きかける方がより効果的であることが筆者の研修の経験からわかってきました。そこで、地域の女性消防団や女性防火クラブが地元の婦人会等と連携して主婦を対象とした勉強会を実施し、各家庭における必要な固定具のタイプと個数を調べて一括購入してもらうとよいでしょう。さらに、購入に際して主婦は家庭の大蔵省でもあるので、購入しやすいという利点もあります。ちなみに、購入した転倒防止金具等の設置は当然男性（旦那さん）のお役目となることは言うまでもありませんが。。。

　また、災害への備えの中でも必須とされる各家庭での備蓄においても主婦は大きな推進力となります。備蓄は文字通り災害時にも困らないよう各家庭で飲料水や食料などを日頃蓄えておくわけですが、これも日々炊事をされている主婦の方が何を備えておけばよいかをよくご存知のはずです。仮にライフラインが停止しても、鍋と飲料水、カセットコンロがあれば、日頃食品庫にある食材でも十分に料理が作れるはずです。例えば、パスタやうどん、お米、レトルト食品、缶詰類など普段は意識をしていませんが、それらは全て災害食になりうるものです。あとは家族で１週間程度もたせるにはどの程度の量とバリエーションがあればよいかを工夫すればよく、この点に関しても主婦の方が男性より考えやすいといえます。これについても、先の家具転倒防止と同様に女性消防団や女性防火クラブが主婦層に訴えるとよいと考えます。なお、年末の買い出しなどを利用して備蓄の購入に出かける際には男性（旦那）さんが購入したものを運ぶ役をするのは言うまでもありません。(図33参照)

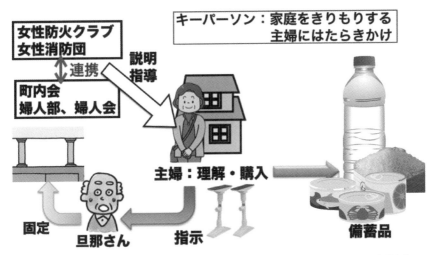

図33　女性消防団・婦人防火クラブと主婦との連携による活動例

④ 行政（公助）の中でももっと連携を！

　　行政が災害時の初動期において公助力をフルに発揮するには限界があります。ゆえに地域にも最低限の活動をしてもらう必要があり、住民の防災力の向上は行政の公助を支える一部となります。例えば、住民が非常持出し品や備蓄を備えていれば、多忙な初動期に避難所での支給や給水作業が軽減されるはずです。これらのことからも災害時の公助の一助となる地域防災力の向上は必須であるといえます。しかしその一方、市町村の防災部署のマンパワーだけでは限界もあります。そこで、行政内での組織的な共助が必要となります。例えば、一例を挙げると、

◎生涯学習関係の部署が開催する講座や公民館講座において
  ・パソコン・スマホ講座　→　防災情報の取得方法の指導
  ・親父の料理教室　→　炊き出し技法の習得
  ・DIY講座　→　家具類転倒防止具設置方法の指導
  ・夏休み親子工作　→　簡易コンロ作成、ペットボトル雨量計製作等々
  ・英会話教室　→　災害時の外国人へのサポート
　　　　　：
◎教育委員会において
  ・小中学校での運動会の中に防災競技を入れる。
  ・学校での防災教育の際に地域と連携できるプログラムを考える。
　　　　　：

が考えられます。また、ずばり防災でなくても、まちづくりに関わる助成金、補助金等についても安全・安心をテーマとして利用できないかも考え、地域のリーダーに広報するとよいでしょう。他のどのような部署でどのようなことができるか、職員には考えていただきたいですし、住民側からもぜひ行政への問い合わせやご提案をしていただくとよいと思います。

　さらに、市町村職員自身は居住地域の住民に対して、日頃から備えの重要性を訴えることも当然しなくてはならないといえます。防災部署以外の職員から「それは防災部署の仕事だ！」と言われそうですが、どの部署であれ、地域住民が豊かに暮らせるまちをつくりたいという思いを持って市町村職員になられたはずであり、安全、安心はその根幹の部分であるので、部署は関係なく、一

職員としてやっていただかなくては困ります。そのため
には、市町村職員自身の防災への意識づけ（自助力の醸
成）の上にご自身の業務を活用した事業を考えるという
力（共助力の創出）を培っていく必要があることを最後
に付け加えておきます。

第11章　行政と防災、そして……

① 自助・共助・公助の役割を正しく伝える

　1995年阪神・淡路大震災以来、行政と住民との役割を表わす言葉として、「自助」、「共助」、「公助」が言われるようになりました。ところが、行政職員や防災研修の講師がこの神戸の震災と「自助」、「共助」、「公助」を結びつけて自主防災組織の必要性や災害直後の救助等の対応を強く促すシーンを見かけることがあります。この神戸の震災と「自助」、「共助」、「公助」の乱用は住民に大きな誤解を与えるものだと考えています。

　そこで原点に立ち返って、自助・共助という話を少ししておきたいと思います。よく災害が発生したら自助しましょうといわれます。まず自分の命を守る自助、そして共に助け合う共助があり、その共助の1つの形として自主防災組織を作って活性化してください、活動しましょうという説明を聞いたことがある方も多いと思います。しかし、これは現実的なことでしょうか。実は災害時の自助ができる人は多くありません。なぜかというと、災害時に自助するために普段からの自助ができるための対策をしていないからです。一般の住民は、常に防災意識を持って生活しているわけではありませんから、共助など望むべくもありません。東京のような大都市なら何とかなるかもしれませんが、地方は人口減少で助け合えるほど人がいませんし、住民の多くを高齢者が占め

る地域も多いです。1995年の阪神・淡路大震災では、消防・警察が来る前に住民の手によって助けられた人が一番多かったことが分かっています。確かに下敷きになった人を地域住民が引っ張り出していますが、1人の閉じ込められた人を助けるのに、約20人以上の住民が現場に集まって救助した場所もありました。ここで問題となるのは日中地方でこれだけ人が集まるでしょうかということです。神戸で共助ができた理由は、一つには人口密度の高い大都市だったからだといえます。これに加えて、震災の発生が早朝だったため、救助力を持った住民が仕事や学校に行く前の時間帯であり、地元に集積していたともいえます。さらに、もう一つ条件があります。つぶれた家に閉じ込められた人が助かっているという前提です。また、昨今の防災研修会では災害時の「自助」、「共助」の話に言及するため、参加住民からは「では、普段は何をしたらいいのですか？」という疑問が出ますし、その結果として本書の冒頭でも書きました「何をしてよいかわからない」ということになってしまうのです。

　では、災害時に自助ができるためには普段は何をしたらいいのでしょうか。その答えは簡単です。災害後が「自助」→「共助」→「公助」となるには、災害前の日常は「（公助)」→「共助」→「自助」の順で備えなければなりません。どういうことかというと、それぞれの個人では普段から自助ができません。できないからこそコミュニティの力、つまり共助を使って自助を推進します。あえて共助は何のためにあるのかというと、自助を推進するためにあります。これが災害前の自助と共助の関係です。

　日頃のごみ出しを思い出してください。燃えるごみ、

燃えないごみ、ペットボトル、空き缶、瓶、透明瓶、有色瓶、段ボール、発泡スチロールなどをどうやって分別しますか。皆さんの自治体によって、おそらくそれぞれ違うはずです。それはまず、市町村（公助）が決めていると思います。それを町内会に託して、ゴミの分別表や収集日を配っていただく、もしくは町内会にあるごみ置き場を管理して、きちんとみんなが分別して出すように、各家庭に周知をします（共助）。町内会長も「きちんとごみ置き場のルールを守って分別してください。ペットボトルはきちんとつぶして出してください」というようなことを普段から言うでしょう。ですから、皆さんは各家庭で分別して出せるようになっているわけです（自助）。まさにこれが共助による自助の推進です。つまり、わが町をきれいにしようという「まちづくり」の根幹をなすものの防災版がいわゆる「防災まちづくり」の考えといえます。毎日分別を間違えずに、ごみ出しができるのですから、各家庭のトイレやお勝手口などの目の触れるところにハザードマップを掲示してもらうなどみんなに周知して、見てもらうことはできるはずです。

　また、水害・土砂災害のように災害が迫ってきているときの対応もやはり「公助」→「共助」→「自助」の順です。よく避難勧告を発令しても住民は逃げないと報告されています。防災意識が高く、また過去に被災経験のある一部の方は避難しますが、多くの住民はバイアスという判断する天秤を過去の経験と思い込みにより安全と考える方向へ傾けてしまいます。ではどうすればいいのかといえば、地域の中で、気象警報や防災情報からの情報（公助）を取得し、この状態になったときには避難することになっているという状況を事前につくっておき（共助）、そういう訓練をきちんと普段からやっておきま

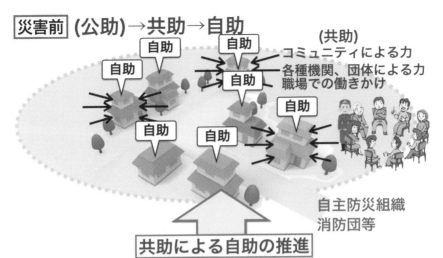

図34　日常は「共助」の役割は「自助」を推進するためにある

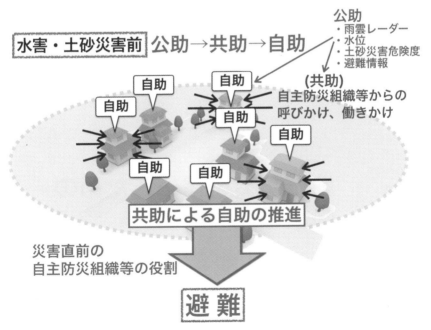

図35　水害・土砂災害前は「共助（声かけ、助けあい）」が「自助（避難）」を促す

 内テキスト:

(地震等突発的な)災害後 自助→共助→(公助)

共助力による対応

災害時の
自主防災組織等の役割

災害発生

連携または
役割を担って対応

図36　突発災害時には「自助（身を守り）」、「共助（助け合い）」を行う

す。そうすると、「逃げたほうがいい。うちの町内会は
逃げることになっている。早く逃げよう」（自助）とい
う話になるのです。

　ぜひ、地域に指導や助言、啓発をされる方はこの「自
助」、「共助」の災害前後での役割をしっかりとまず伝え
るようにしてください。

② 地域防災を進めるための 魔法の壺を探す

　これまでお話したことは、住民にできること（主にソ
フトウェアな防災）についてでした。しかし、やはり堤
防や避難場所の整備といったハードウェアの防災もしっ
かり行政にやっていただく必要があります。それには当
然お金がかかり、現在の国、地方の財政からするとなか

●地域防災とまちづくり―みんなをその気にさせる災害図上訓練―

なか険しいものがあります。しかも、県や市も防災を扱っている部署が総務に所属している関係で、なかなか使えるお金が他の部署よりも少ないというのが現状です。しかし、第1章でも書きましたように災害・防災は幽霊で、何かに憑依させる（取りつかせる）ことができるという得意技を持っています。例えば、総務のお隣にいる土木建築や都市計画関係の部署であれば、防災と公園整備をくっつけて防災公園（防災機能を持った公園）、街の駐車場を防災機能化する（屋根つきで一時避難ができるような設備を考える）、港湾の部署であれば、港の再開発とあわせて、そこに地域の防災ストックヤード機能を持たせる、あるいは、観光振興関係では、オートキャンプ場は住民のための避難生活の基地の整備に、などなどまだたくさんありそうです。このような事業の遂行には住民参画が必要ですので、ワークショップ等を開催することになります。まさにこのワークショップが防災啓発研修の場にもなる訳で、防災啓発事業単独では無理でも、このように、防災（幽霊）だから単独ではなかなかできないことも、何かと結びつくことで、実体化でき、予算化できるような魔法の壺を探すこともできるかもしれません。

 ## ソフトウェア防災の役割

近年の多発する災害や過去に経験したことのない大規模な水害、地震も起こってきており、これまでの治山、治水も含め、災害から地域を守る堤防などの構造物、いわゆるハードウェア防災では防げない部分も出てきています。これを背景に、住民にもしっかり避難をしてもら

って、自主的な防災活動を促すソフトウェア的な防災が台頭してきました。さらに、これに輪をかけて、財政が厳しいこともあって、ハード整備にブレーキがかかっていることもあり、ますますソフト対応が重要視されてきています。しかし、ここに至るまでの流れをみると、ハードがだめだから、ソフトでよろしくと言っているようにも思えます。果たしてこれでよいのでしょうか？　将来確実に襲ってくる東海、東南海、南海地震に代表される巨大災害時には、いかにソフトで努力しても犠牲者を出す地域は依然として存在しています。やはり、どうしても危険な地域はハードを作らなくてはならいないわけで、これを乗り切るにはやはり構造物の整備が必要です。つまり、ハードからソフトへ来たものを検討し、その結果をもう一度、ハードへフィードバックさせてやる必要があります。先の「ハードによる防災が無理なので、住民主体のソフト防災に逃げた。」であってはならないのです。例えば、今回本書でご紹介した手法を用いて、図37に示すように住民対応の限界を探って、それ

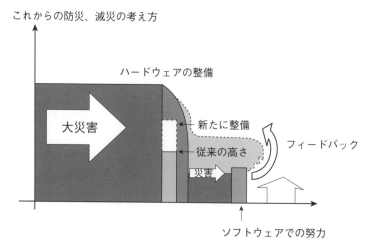

図37　ハード防災→ソフト防災→ハード防災の流れ

をきっちり明示し、もし、それ（ソフト対応）で地域が守りきれるのなら問題ないが、もしも守り切れない場合は、従来のハードによる効果からソフト対応による努力の効果を差し引いて、足りない分を、新たなハード整備相当として重点的に検討するという考え方が必要です。そこ（ソフト）を経由することで、財政の部署の首を縦にふらせるような本当に必要な防災機能の整備を精査することができるようになるといえます。

 # 防災まちづくりとは

1995年阪神・淡路大震災以後、"防災まちづくり"という言葉が多く聞かれるようになりました。災害に強いまちをつくっていかなくてはならないというわけです。しかし、この言葉は従来からまちづくりで汗を流している方々からすると、傲慢な表現であることがわかります。商店街や駅前の活性化など、まちづくりは、ゴールになかなか到着できない大変大きな課題であり、例えるなら、天竺を目指す玄奘三蔵の一行のように、そのはるか彼方の目的（天竺で経典を受け取る）をめざして、日々課題解決（妖怪退治）しながら足を進めている姿に似ています。そこに、まちづくりの苦労を知らない防災の学識経験者や専門家がまちづくりをしてやろうというのですから、おかしな話になる訳です。その証拠に、過日ある大学の防災研修集会に招待された際に、洪水地域の住民に対して多くの学識経験者が下した結論は「そこに住まなきゃいいじゃないか」でした。思わず「それを言ったら、お仕舞いだよサクラ！」って男はつらいよの寅さんの台詞を言いたくなりましたが、これをまともに

やったら、日本には住むところがなくなってしまいます。地震災害でも同様で、将来直下型地震がくるかもしれない東京なんか住まなきゃいいのにということと同じことになるからです。筆者が考える「防災まちづくり」とは、"防災がまちづくりをする"すなわち防災屋がまちづくりをするのではなく、"防災をまちづくりがする"というように、まちづくりする方々（自治会、住民、市民活動、JC等々）が防災を行うものだと考えています。まちづくりにかかわる方々がその切り口に災害、防災をメニューに持ち、まちづくりの推進剤とすればよいわけで、市民活動、NPO、ボランティア、地域で実際に活動されている方が防災の知識、ノウハウを得て、わずかでも活動することができればよいと考えています。

　また、先にも述べた通り行政組織の中においても、地域防災啓発に関して総務系や消防系だけが防災をやるのではなく、防犯の部署や地域振興や市民活動を担当している部署にも安全安心をテーマとした事業を創出してもらう工夫も考えてもらうといいでしょう。災害時の危険箇所・避難路の点検（防災）＝通学路の点検（防犯）のように、行政では縦割りのテーマでも、住民側で一緒に実施できるものが多々あります。そして、本書の冒頭でお話しした地域力を弱める地域の高齢化に歯止めをかけるためには、Uターン、Jターン、農業の振興、近年山が荒れて保水力を失い、土砂災害の危険性がます山々に対しては、林業の再興などの施策を打たなくては、地域防災を支えることはできないのです。

　このようにもはや防災は消防庁や国土交通省だけが役割を担うだけではなく、あらゆる関係省庁、部署が総がかりで、地域力向上のために頭を使わなくてはならい時期にきています。

育成する防災人材像を考える

　地域防災力の推進も地域の課題の一つであるので、地域の課題を解く際と同様の切り口である「人（人材）」、「お金（予算）」、「モノ（資機材等のハード等）」、「しくみ（制度、やり方等）」の観点から、どこをどのように強めるべきかを考えることが基本となります。ここで、これら4つの要素のうち扇の要にあたる重要なものが「人（人材）」です。例えば、優秀な地域のリーダー（人）が、地域活動に関わる助成金・補助金に応募するなどの機会を利用して予算（お金）を獲得し、確保したその財源で例えば防災リアカー（モノ）を購入し、支援者（人）と避難誘導方法（しくみ）を検討して津波避難時の高齢者介助を実現することができます。このように人材育成は大変重要であり、現在全国の多くの自治体では防災リーダー研修会等の人材育成事業を実施しています。その際、そのリーダーが地域防災活動推進役としてどのような知識を有し、どのように地域で立ち振る舞い、防災活動を牽引できるのかといった育成すべき人材像を担当職員が想定できているかということが重要になります。現在、各地でリーダー研修が行われていますが、単なる教科書的な知識のみを習得させ、民間資格の試験に合格すればそれでよしとしているものが多いように感じますが、このような研修を受講したリーダーは果たして地域を動かせるのでしょうか？　1995年の阪神・淡路大震災以来、自主防災組織の組織率をもって防災力向上がなされているかが評価されてきました。さらに最近は防災に関する民間資格を取得したリーダーの数

が防災力を示す指標として語られています。しかし、これだけ激甚な被害をもたらす災害が毎年来襲している昨今、そろそろ防災講演や啓発研修も量（実施さえすればいい）から研修内容（何をすべきか）の質の確保へとシフトしていかなくてはならないと考えます。

例えば、
地域防災に関わる人材像の一例
・自分の地域の災害環境を理解して、その地域に適した手段で住民にそれらを周知できる人材
・自分の地域で行なっている活動や訓練が地域防災・減災活動におけるどの部分を強化しているかをつねに把握できている人材
・災害への備え方について住民に説明できる人材
・いくつかの啓発ツール（DIGやHUG等）の目的を理解し、地域での実施を働きかけることができる人材
・気象警報、避難情報、ハザード関連など命に関わる用語と意味がわかる人材
・気象警報をはじめとする各種防災情報を種々の手段で取得して、それぞれの段階ですべきことがわかる人材
・住民の生活や地域の行事に即して防災活動や訓練の機会を設定できる人材
・地域の役員をはじめ、民生委員、公民館職員や学校などの地域のリソースとの人脈、つながりを生かして防災活動や訓練を展開できる人材
            ：
などいろいろあげられますが、上記以外にご自身の災害想定（切迫度と規模、深刻度）や災害履歴、現在の防災活動の状況を踏まえ、あなたは啓発するリーダーにはどのような人材になって欲しいと思いますか？

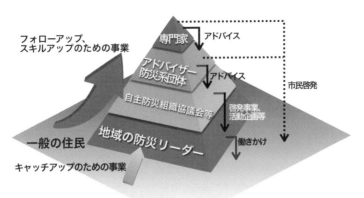

フォローアップ、
スキルアップのための事業

専門家 → アドバイス

アドバイザー
防災系団体 → アドバイス

自主防災組織協議会等 → 啓発事業、活動企画等

市民啓発

地域の防災リーダー

一般の住民

→ 働きかけ

キャッチアップのための事業

限りある予算と人的資源(職員削減、少子高齢化状態)で何ができるか？

図38　理想的な防災人材ピラミッドの一例

　次に、自治会長や町内会長をあて職としている自主防災会会長を防災リーダーとして養成したとしても、数年で交代してしまい、再度新しいリーダーへの啓発研修を実施しなければなりません。このようなことから毎年人材育成事業を実施しながらも自治会、町内会のような地域それぞれのリーダーから自分の地域を越えて指導できる、自治体主催の研修会で講師ができるなど同じリーダーでも役割が異なる人材へ育成する事業への展開も考えておく必要があります。自治体にとって防災啓発研修が地域の防災人材の発掘の場と考えれば、一般市民や町内会長へのリーダー育成を通してより活動できる人材をキャッチアップし、それらの方々にフォローアップ、ブラッシュアップをかけながら、その中からアドバイザー的な役割が担える人材へ育成できると理想的です。しかしながら、図38のような層構造のピラミッドになるように人材育成できるとよいのですが、削減方向の限りあるお金（予算）と人（職員削減、少子高齢化といった人的資源の課題）で何がどこまでできるのか、まさに今啓発を担当する行政職員のしくみづくり（制度設計等）の手腕の見せ所といったところでしょうか。

おわりに

　本稿では防災研修に携わる方や地域防災を進める方々に向けて、これまで地域で防災研修を実施して得られた結果を活字にしてみました。ここで、筆者が気になることを一つ述べます。近年、自治体の中には防災をおたく化している現状が垣間見えます。防災を推進するために例えば海外の危機管理に関する先進的な手法や苛烈な設定による訓練、住民向けであるにも関わらず高額な受講料をとって研修を実施しているところもあります。自主防災育成研修はカルチャースクールではありませんし、防災はキャリアアップのための資格取得の手段でもありません。また、防災は「趣味の世界」でもありません。共助体制のために励んでもらいたい方が、個人の趣味、資格取得のみを目的としたり、その教科書的な内容と資格の肩書を持って地域にその思想を押しつけたりすることのないように願うばかりです。過去にこんなことがありました。筆者の研修において、先のT-DIG課題検討の際に、受講生が資格取得のための教科書を持ってきて、「先生、その対応の答えは何ページに書いてありますか？」と聞きにきたことがあります。もし、このような受講生の地域に本当の災害がきたらどうなるか、考えただけでも不安になります。以上のことを心の片隅において、今後も地域のリーダー、防災担当としてますます防災推進を続けられることをお祈りしております。地域は生ものですから、防災啓発をする際の戦略とそれに携わる者は慎重に事を進める必要があります。行政側も地

域に対しての啓発は大変な手間をかけるように感じられ
ると思います。しかし、この作業を通じて住民も行政も
地域を知ることで、災害発生前、発生時に地域がどのよ
うになっているかをイメージすることは可能で、自主防
災力が上がれば、結果的に住民だけではなく、行政の初
動対応の助けにもなるというよさもあります。

　最後に、皆さん「備えあれば憂いなし」という言葉を
ご存じだと思います。これは、古代中国から日本に伝わ
った言葉なのですが、ところが、この一文以外にも文章
は続いているのです。正確には、「居安思危（こあんし
き）」の中の一部です。「居安思危」は貞観政要という古
代中国の書にのっている言葉です。これは、唐の二代目
「太宗（たいそう）」に仕えた名臣「魏徴（ぎちょう）」
の言葉といわれていて、「安きに居りて危きを思う」「思
えばすなわち備えあり」「備えあれば憂いなし」と書か

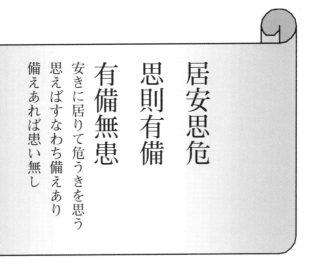

居安思危
思則有備
有備無患
安きに居りて危うきを思う
思えばすなわち備えあり
備えあれば患い無し

れています。これを訳すと、「平和な今だからこそ、危険（災害）のことを心に思い浮かべなさい、そうすれば備えがわかり、備えることで心配がなくなりますね。」となります。災害は幽霊で、見えないのです。だから渦中に陥ったことを考えれば、見えないものが見えてくるかもしれません。だから、このような備え（防災）が今必要だということがわかるのです。そして、備えをやって、よかったと言えるようになるのです。すでに、古代中国の唐の時代からこのような考え方はあったわけで、今回、お話した見えない災害・防災への取り組み、そしてそれを具体的な手法として示した災害図上訓練T-DIGは、まさにこの「居安思危」の思想をそのままを具現化したものであります。そしてこの手法をいわばエンジンを動かすセルモーターのように使い、地域防災を推進したり、維持したりするための原動力としていただきたいのです。決してDIGは1回かぎり実施すればいい客寄せパンダ的な手法ではありません。この手法をみなさんの地域の防災活動だけにとどまらず、その応用として、地域防犯、地域おこし、まちづくりにもお使いいただければ幸いです。DIGのDすなわち、Disasterは「災い」であり、何も自然災害だけに特化した話ではなく、地域にとってよくないこと、困りごとを扱える奥の深い手法だからです。

参考文献

1) 市町村のための水害対応の対応の手引き、内閣府、
   平成19年6月
2) 気象庁ホームページ、http://www.jma.go.jp/
3) 避難行動要支援者の避難行動支援に関する取組指針
   （平成25年8月）、内閣府ホームページ、http://www.
   bousai.go.jp/

参考文献

資料編

（縦書き左余白）地域防災とまちづくり─みんなをその気にさせる災害図上訓練─

地域防災の考え方と　T-DIGの位置づけの説明例

防災リーダー向けの説明例

　危機管理と地域防災との関係について、小学校の運動会で行われる障害物競争を例に説明しましょう。むかしむかしの遠い記憶で恐縮ですが、もしみなさんが小学生で担任の先生から今度の運動会の障害物競争にクラス代表で出て欲しいと言われたらどうするでしょうか？　まず何と言っても気になるのがどんな障害物が置かれるか気になりますね。仮に走るのは得意だけどなぜか体育の時間にある跳び箱だけは苦手だ！　なんてことはあります。障害物が"跳び箱"なのか"ハードル"なのか、はたまた"一本橋"によって心の準備が違います。つまり「障害物→来るべき災害」とすれば、それは災害の種類となります。おたくの地域の懸念すべき災害は「河川氾濫」ですか、「土砂災害」ですか、「地震の揺れのみ」ですか、となります。もし障害物が跳び箱となれば、先生は何段積みの跳び箱を用意するのかが気になります。3段や4段程度なら低くてよいのですが、6段、7段のように高ければ飛び越えるのは大変です。跳び箱の「段数→震度」としたらどうでしょう。つまり災害の規模を知っておくことが重要です。震度4ならいいですが、震度6強、震度7の"地震の跳び箱"なら飛び越えることができずにその場でリタイアとなるかもしれません。運動会ならゴールできなくて頭をかきかきしながら恥をかけばすみますが、実際の災害ならどうでしょう。ゴールつまり豊かな老後生活へたどり着く前に災害で犠牲となってしまうことになります。そのためにも運動会が始まる前（災害が来る前）にどんな障害物が待っているかをあらかじめ知ることで、心の準備やそれを飛び越えるための備えとつながります。この障害物を考えることを危機管理では「災害・被害想定」と呼んでい

148

ます。行政はこの想定を地域住民に知らせるためにハザードマップを整備し、配布をしている訳です。

　次に、想定がわかればそれをどう越えるか、手前の助走をどうするか考えます。その際、飛び越えるまでの足元がしっかりしていないと危ないですね。もし跳び箱（例えば土砂災害）という危険から回避しようとする行動を「避難」と呼ぶとすれば、足元すなわち避難経路は安全かどうかを事前にチェックする必要があります。つまり災害の観点からみる地域性です。これを確認するために実際に現場を見る必要があります。これを「防災まち歩き」といい、歩いてわかったことを忘れないために自分たちの地域の地図にその情報を書き込みます。これを住民の手で作成する「防災マップ」または「防災コミュニティーマップ」といいます。すなわち歩いた"記憶"を地図上の"記録"にする訳です。さらに地域の環境は時間とともに変化するので、定期的な防災まち歩きによる確認も必要です。これを「防災パトロール」と呼びます。

　さて、足元もわかったことで、安心して飛びたいところですが、あまりに跳び箱が高いとどんなに努力をしても越えられないかもしれません。だったら、先生に小言を言われるのを覚悟で、「先生！跳び箱の段数を少し低くしてくれませんか！」とお願いする勇気と努力も必要です。もし、跳び箱が低くなれば、多少足が引っかかったとしても飛び越えられるでしょう。地震でいえば、自宅の耐震補強や家具類の転倒防止対策をすることで、地震の際の被災を少なくすることにあたります。これを「予防・抑止」といいます。これは運動会が開始される前（災害が発生）にやっておかなくては間に合わないものです。

　そうこうしていると、いよいよ運動会本番です。スタートのピストルが鳴れば、がんばって走って障害物を飛び越えるしかありません。これを「応急対応」といいます。ここで大事なのは跳び箱や一本橋のように障害物の種類が違えば、それの越え方、すなわち災害時、災害の種類によって対応の方法が変わるということです。ど

う飛んだらよいかこれも事前に考えておかなくてはなりませんし、考えた通りにできるかどうか、事前に試しておいた方がよいですね。これが災害時、災害直前の地域自身がどう対応したらよいかを考えておかなくてはならないことであり、事前に試す行為を「訓練」といいます。避難（誘導）訓練、搬送訓練等々です。小学校の運動会も本番前に運動会の練習をすると思います。まさにその現場で実際に試してみて検証することが「訓練」の持つ一つの目的といえます。ちなみに、みなさんの地域の訓練は事前に検討したことを検証する訓練になっているでしょうか？

さて、この跳び箱を飛ぶ時によく見かけるのが手前に置く踏み台ですね。この踏み台を蹴ってジャンプすれば、踏み台がない場合に比べ、迅速かつ円滑にジャンプへと移れます。仮に跳び箱を越える行動を避難行動だとすれば、ここでいう踏み台とは例えば、避難行動開始を迅速にするための「非常時の持ち出し品を準備」となります。あるいは、地震時の初動を迅速、円滑にするために「住民の安否確認のしくみ」を決めておくことになります。

次に、やっと飛び箱を飛び越え終わると、その先には長い一本橋が待っています。地面を走るより難しく、一本橋が終わる（元の走る状態に戻る）まで焦る気持ちを抑えて時間をかけて歩を進めないといけません。これを復旧・復興といいます。つまり復旧期には災害によりライフラインが止まったり、避難所生活をしたりと、普段より大きく制限を受ける生活になってしまうことになります。もし、小学生のような元気な児童なら一本橋は一人で簡単に渡ってしまうかもしれません。しかし、もし運動会を見に来ていた高齢者に渡ってみてとなったらどうでしょう。誰かが横にいて手をさしのべなければ、転落して大怪我、最悪命を落とすかもしれません。これを「災害関連死」、地震ならば「震災関連死」と呼ぶ地域の大きな課題となります。

なお、これら「想定」、「予防」、「対応」は独立して扱うのではなく、「想定」から「対応」までに連続性を持たせることが理想で、

そのための啓発道具の一つが本書のメインテーマである災害図上訓練「T-DIG」という位置づけになります。単に楽しいからT-DIGをやるというのではなく、危機管理の項目に横串をさし、独立していると思われがちな地域活動をつなぎ、活動に意味を持たせる役割をもっているのです。ここで、地域防災リーダーとして活動されている方々に強調しているのが、みなさんが行なっている活動や訓練がこの障害物競争で当てはめるとどの部分であり、どこを強化しているのかをつねに把握しておいて欲しいということです。ちなみに自主防災組織の活動は何をしていますか？　と筆者が訪れた地域でお聞きすると、返ってくる答えの多くが「消火訓練、避難訓練、炊き出し訓練、避難所運営訓練……など」、すべて跳び箱から右側しかやってないように感じます。理想は跳び箱を中心にバランスよく実施するとよいのですが、特に左側である予防・抑止とそれの根拠となる想定の周知のための地域活動はあまり聞きません。ハザードマップを見たことがないなど想定すら知らず、跳び箱段数を下げる被害抑止の活動もなしに、跳ぶことと、跳んだ後のことしかやっていません。ちなみに、跳び箱を中心に左側を「防災」、右側を「減災」と考えています。ここでいう防災の"防"は予防の"防"といえ、自主防災組織が行うべき主な活動はどの部分かは、おのずとおわかりになると思います。近年大規模災害が発生するたびに多くの犠牲者が出る理由の一つが防災活動と称した減災活動への偏りにあるのではないでしょうか？

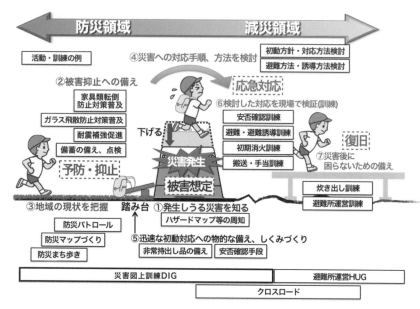

付図1　防災リーダー向けの説明に用いる図

一般向けの説明例

　日頃お忙しいみなさんがどう災害に向けて備えたらよいかをお話しします。まず、地震または水害それぞれで結構ですが、災害が起きたらあなたの家の中の「どこ」が危険ですか？　家のまわりの「どこ」が危ないですか？　子供達の通学路やみなさんの通勤路、お散歩コースの「どこ」が危ないですか？　もし、避難しろと言われたら、「どこ」へ「どこ」を通って避難しますか？　その際に声かけした方がよい要配慮者は「どこ」にいらっしゃいますか？　また、素早く避難するために非常用の持ち出し品が入った袋、リュックサックは家の「どこ」に置けばよいですか？　……このように危ないところやこと、安全なところ、ことを「どこ」という観点で考えてみてください。自分の家の中から家の周囲、地域全体への広げるように考えてみるとよいです。ちなみにやり方としては、人気TV

●地域防災とまちづくり――みんなをその気にさせる災害図上訓練――

番組の笑点の大喜利の課題のように「どこ」の前後に空欄を設けて、前後に色々なところやことを入れてみて家族や地域で出し合ってみてください。備えの糸口が見つかりますよ。この「どこ」を地域住民どうしで共有するために有効なのが地域の地図で、それを用いた研修の一つに災害図上訓練T-DIGがあります。T-DIGでは、地域の方で地図を囲み「どこ」をキーワードに話し合って、地域の強みや弱みを共有していきます。

　一方、「どこ」がわかってくれば、次に同じ要領で考えてほしいのが、「いつ・いつまで」です。台風が迫っています。「いつ」避難したらいいのでしょうか？　地震がきました。地域は「いつ」どのような対応をするべきでしょうか？　地震直後の活動の一つ、安否確認は「いつまで」に終わりますか？　津波想定地域です。津波が来襲する前の「いつまでに」地域の方々は避難を完了していなくてはならないですか？　このような迅速な対応をするための訓練は1年を通じて「いつ」実施すれば、参加者は多いですか？　……このように「いつ・いつまで」で考えてみてくださいね。先ほど説明したT-DIGでは地域の災害観や特徴を共有した地図を囲み、災害が発生した（発生しそう）という課題のもと、いつ何をすべきかを参加者で考えてもらうものです。

　以上のように「どこ」を考えることで、家庭内で被災しないための抑止対策を考えることができ、地域全体であれば、T-DIGを起点として地域を観るという防災まちあるきや防災マップづくり、防災パトロールへと展開することができます。また、「いつ・いつまで」をT-DIGを用いて検討して、検討した結果を現場で検証する訓練へと発展させることができます。

災害への向き合い方　備える観点は「どこ？」と「いつ・いつまで？」

自主防災　　　　　　減災対応

いつ・いつまで・・・？

・災害(前)時いつどのような対応をするか？
・いつ避難するか？
・避難が完了するまでいつまでかかるか？

・安否確認はいつまでかかるか？
・災害時の備蓄はいつまで必要か？

応急対応
いざという時の対応

復旧
生活の再建

予防・抑止
事前の備え

被害想定

どこ・・・？

・どこを通って避難するか？
・持ち出し品はどこに置くか？
・要配慮者はどこか？

・どこが危ないか？
・どこが安全(避難所)か？

付図２　一般向け説明に用いる図

●地域防災とまちづくり―みんなをその気にさせる災害図上訓練―

その他の地域防災・減災啓発のための切り口

以上の「どこ」と「いつ・いつまで」に加え、その他の地域防災・減災を啓発する切り口は以下の通りです。

防災・減災活動啓発のための切り口

切り口1)

どこが? と **いつ・いつまで?** で考え、備えること

- ハザードマップ啓発
- DIGとまち歩き、マップ
- 屋内外危険箇所等
- ⋮

- 対応手順
- 避難・避難誘導
- ⋮

切り口2)

免れる と **逃れる** で考え、備えること

- 耐震補強
- 家転防止措置
- 備蓄
- ⋮

- 避難
- 非常時の持ち出品
- ⋮

切り口3) 切り口1)および2)のそれぞれについて対をなすもの

机上 で検討、**現場** で検証

- DIG
- マップづくり
- HUG
- ⋮

- まち歩き
- 各種訓練
- ⋮

付図3　地域防災・減災啓発の説明に用いる切り口

災害図上訓練DIG研修実施時の提示例

・準備

・風水害・土砂災害編

・震災編

災害図上訓練
DIG

まだ見ぬ災害をみんなで共有し、その時の対応や事前の備えを考える。

Disaster 災い
Imagination 考える
Game いろいろやってみる

DIGの応用例
学校や企業の危機管理DIG、防犯DIG、まちの活性化DIGなど

準 備

災害図上訓練DIGで準備する主な道具

OPPフィルム
（切断して使用）

油性マーカー（太⇔細）

●シール

付箋紙

マーカー消し

養生テープ

・対象地域の現在の地図（都市計画図、住宅地図）

マンション防災や学校や企業を対象の場合は
建物の平面図、建物配置図等も併用する。

・対象となる災害のハザードマップ、避難マップ等

洪水・土砂災害ハザードマップ、
揺れやすさマップ、津波浸水マップ等

 アイスブレイキング(知り合いどうしなら不要)

グループのチーム名を決めましょう。
(なくてもよい)

テープで
とめる

チーム名

チーム名

A４用紙に記入し、
筒状に丸くしましょう。

グループの中で自己紹介をしてください。
その後、
　リーダー(まとめ役)　１名
　サブリーダー(リーダーの補佐、書記)　１名
を選出してください。

リーダーはこの池に詳しいグァ
ダック池中さんにグァ
お願いしましょうグァ〜。

 図面のセッティング

①地図をセットしてください。
②最初に地図をテープで固定してテープでとめます。
③その上から透明シートを１枚かけ、テープで固定
　してください。
④マーカーで地図の四隅に印をつけてください。

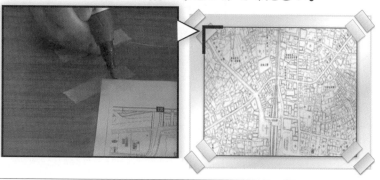

●地域防災とまちづくり―みんなをその気にさせる災害図上訓練―

風水害・土砂災害編

地域の確認　着色作業 地域の特徴をつかみます

- 災害時に多目的に使えそうな広場、
公園、運動場、駐車場を緑色の斜線で
塗りましょう。
(用途は後から考えて結構です)

- 河川、ため池、用水路、海岸線を青色の線で
なぞりましょう。

- 鉄道があれば黒でなぞりましょう。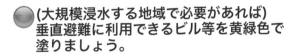

- (大規模浸水する地域で必要があれば)
垂直避難に利用できるビル等を黄緑色で
塗りましょう。

地域の確認　着色作業　地域の特徴をつかみます

●　公的避難所(行政指定の避難所)に緑色●シールを
　貼りましょう。

　　例）避難所、避難場所等

●　住民の視点で見た災害時に役に立つ防災資源に
　青色●シールを貼りましょう。

　　例）井戸、防災倉庫、病院、コンビニ、薬局、カー用品、
　　ホームセンター、食料・飲料水確保等

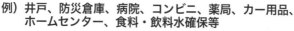

地域の確認　着色作業　地域の特徴をつかみます

●　災害時に配慮が必要な要配慮者の家に
　白色○シールを貼ります。
　(地域組織で了承がとれた場合実施)
　　例）寝たきり、高齢者独居、障害者等

研修で要配慮者という用語を使う意図

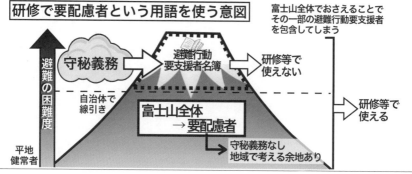

確認　災害範囲の特定 ハザードの把握を行います

● 配布のハザードマップを参考に浸水する
範囲を水色、紫色で塗りましょう。

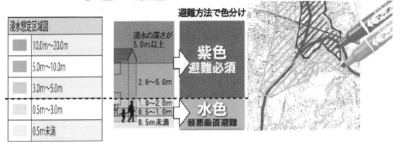

浸水想定区域図

	10.0m～20.0m
	5.0m～10.0m
	3.0m～5.0m
	0.5m～3.0m
	0.5m未満

避難方法で色分け

浸水の深さが
5.0m以上
2.0～5.0m → **紫色 避難必須**

1.0～2.0m
0.5～1.0m
0.5m未満 → **水色 最悪垂直避難**

● また、土砂災害の恐れのあることを茶色で
塗りましょう。

状況付与（台風情報）　　　課題検討編

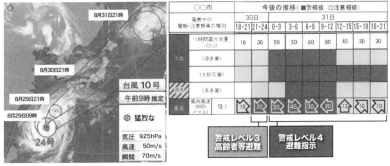

○○市		今後の推移（■警報級　□注意報級）								
発表中の警報・注意報等の種別		30日		31日						
		18-21	21-24	0-3	3-6	6-9	9-12	12-15	15-18	18-21
大雨	1時間最大雨量（ミリ）	16	30	50	50	80	80	40	30	30
	（浸水害）									
	（土砂災害）									
	（浸水害）									
暴風	風向風速（矢印・メートル）陸上	15	20	35	45	30	20	13	10	10

警戒レベル3
高齢者等避難

警戒レベル4
避難指示

台風10号
午前9時推定
猛烈な
気圧　925hPa
風速　50m/s
瞬間　70m/s

8月31日21時
8月30日21時
8月29日21時
8月29日09時
24号

台風接近により大荒れの天気になる恐れがあります。また、北上して
くる秋雨前線に向かって台風から湿った空気が入るため、前線活動が
活発になり、台風接近前から大雨となる予想です。1時間に100mm
を超える猛烈な雨が断続的に降り続く恐れがあり、これまで経験した
ことがない大規模な河川の氾濫や土砂災害が発生する恐れがあり、
厳重な警戒が必要です。

資料編

課題1　災害対応、避難の検討

例えば台風が来襲する場合、事前にどのような対応をしますか？
図面上で検討してください。

①要配慮者と災害ハザード、避難所との位置関係は？

②要配慮者に対しての対応はどうですか？
　例）事前の声かけや事前の避難、優先順位等はありますか？

③その他、自主防災組織や地域がやっておくべきことはありますか？

課題2　対応の流れの整理(活動停滞地域対象の場合)

このような台風や豪雨による水害、土砂災害の可能性があるとき、
地域で行うべき活動とは何でしょうか？
付箋紙に書いて活動すべき順番にA3用紙(または模造紙)に貼って
ください。

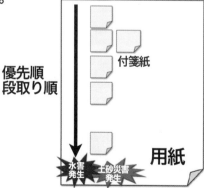

課題2　対応の流れの整理(活動頻度が高い地域の場合)

自主防災組織や地域に関連した組織の対応の流れを整理しましょう。

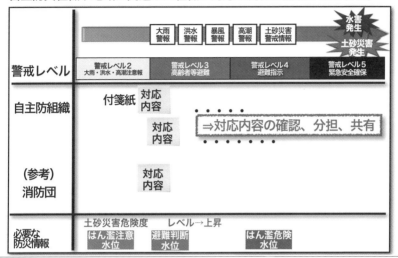

まとめ　これからの備え、活動

以上からまとめてＡ４用紙(または模造紙)に箇条書きにしてください。

◎今後の活動、訓練と備えは？

◎すぐには無理だが将来時間をかけて
　取り組むべき活動は？

◎活動や訓練を実施するための人と予算を
　集めるためには？

震災編

課題抽出編

地域の確認　着色作業 地域の特徴をつかみます

● 災害時に多目的に使えそうな広場、
公園、運動場、駐車場を緑色の斜線で
塗りましょう。
(用途は後から考えて結構です)

● 河川、ため池、用水路、海岸線を青色の線で
なぞりましょう。

● 鉄道があれば黒でなぞりましょう。

地域の確認　着色作業 地域の特徴をつかみます

● 公的避難所(行政指定の避難所)に緑色 ●シールを
　貼りましょう。

　　例）避難所、避難場所等

● 住民の視点で見た災害時に役に立つ防災資源に
　青色 ●シールを貼りましょう。

　　例）井戸、防災倉庫、病院、コンビニ、薬局、カー用品、
　　　　ホームセンター、食料・飲料水確保等

地域の確認　着色作業 地域の特徴をつかみます

● 災害時に配慮が必要な要配慮者の家に
　白色○シールを貼ります。
　(地域組織で了承がとれた場合実施)

　　例）寝たきり、高齢者独居、障害者等

研修で要配慮者という用語を使う意図

富士山全体でおさえることで
その一部の避難行動要支援者
を包含してしまう

避難の困難度

守秘義務　→　避難行動要支援者名簿 → 研修等で使えない

自治体で線引き

富士山全体
→要配慮者

研修等で使える

守秘義務なし
地域で考える余地あり

平地健常者

地域の確認　着色作業　地域の特徴をつかみます

- 地震に対して弱い古い木造住宅(築昭和55年以前)を
  黄色で塗りましょう。

  地震対して弱い古い木造住宅
  （築昭和55年以前）

- 地震に閉塞道路し、通れなくなる道路をピンク色で
  塗りましょう。
  - 例）道幅2m以下、行き止まり、車1台のみが通る道路
    老朽木造(黄色)に囲まれた道路

状況付与（地震速報）　　　　　　　　　　課題抽出編

- ・２０XX年X月X日（X）05：00
- ・天候　雨
- ・みなさんは地域の自主防災組織の関係者です。

参考
①季節や時刻に応じて、昼や夜、明るいまたは暗いを
　イメージさせてください。
②難易度を下げる場合には早朝（地域住民がいる時間帯）、
　難易度を上げるなら昼間、夕方など適宜設定してください。

状況付与（地震速報）

午前05時00分ごろ＊＊地方で地震がありました

地震情報

住民が持っていたスマートフォンのワンセグ映像

課題1　被害確認と安否確認

・どのようにして行いますか？
　流れ、方法、人数を簡条書きでＡ４用紙に記入

　　例）××へ参集、○人で、地図上の順で、個別訪問で・・・
　　　　動きを地図に→矢印（色はおまかせ）などで記入

・状況が確認されるまでの時間は？

広場に
役員参集

2人で
徒歩で
確認

参考
この課題の検討の際に議論が煮詰まるようであれば、このタイミングで
無事を示す黄色い旗などのアイデアを参考までに示す。

● 震度から木造家屋全壊率を出しましょう

配布している揺れやすさマップ(想定震度記載のマップ)を確認して、
自分の地域の震度を決定し、下のグラフから全壊率を出しましょう。

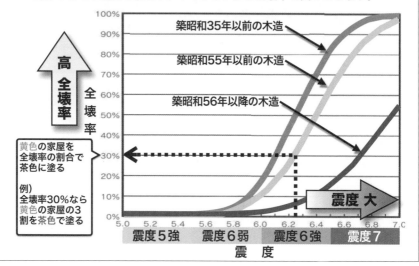

● 家屋の被害等の確認

①木造家屋の全壊率の割合をもとに黄色に茶色の×印をつけましょう。

例) 6強の地域: 黄色10軒あたり3軒の割合で茶色の×印をつける
　　6弱の地域: 黄色10軒あたり1軒の割合で茶色の×印をつける
　　5強の地域: 全壊なし、部分損壊はあり

②地震時の危険な箇所に ● シールを貼りましょう。

課題2 対応活動(救助、搬送等)

・何軒の家が倒壊し、何人が閉じ込めになっていますか？
・どこから、何人で助けますか？
・救助道具には何が必要で、その数は？
・けが人の搬送先と搬送方法は？

搬送場所

課題3 対応活動(初期消火、避難誘導等)

住宅から煙があがっていると住民が叫んでいる。
・初期消火しますか？方法は？
・消火用水利はどうしますか？
・住民の避難誘導はどうしますか？

参考
課題2を検討中のタイミングでDIG実施者が震度や行政の想定をもとに
各グループの図面上に赤色マーカーで出火点×を書き込んでください。

課題 地震時の対応活動(津波浸水地域の方)

🔵 (津波浸水地域の方へ)
津波の浸水想定をもとに浸水する範囲を紫色で塗りましょう。

①参加者ご自身は地震発生からどのよう行動をしますか?
②ご自身の避難場所までの避難経路を緑色の線で描きましょう。
③要配慮者への対応はどうしますか?
④避難誘導等はやるべきですか?
　　　　　　:

課題4 対応の流れの整理(活動停滞地域対象の場合)

このような大きな地震が発生した際に地域で行うべき活動とは
何でしょうか?
付箋紙に書いて活動すべき順番にA3用紙(または模造紙)に貼っ
てください。

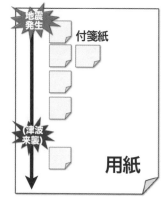

課題4 対応の流れの整理(活動頻度が高い地域の場合)

自主防災組織や地域に関連した組織の対応の流れを整理しましょう。

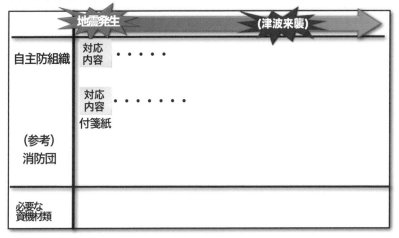

まとめ これからの備え、活動

以上からまとめてＡ４用紙(または模造紙)に
箇条書きにしてください。

◎災害予防・抑止、応急対応の観点から
　この地域が行っておくべき改善点や普段の
　活動、訓練とは？

◎すぐには無理だが将来時間をかけて
　取り組むべき活動は？

◎活動や訓練を実施するための人と予算を
　集めるためには？

避難所運営編

◎**目的**
災害図上訓練DIGを通じて
避難所運営に向けての環境づくりを検討します。

◎**前提となる考え方**
事前の避難所づくりは住民と行政が協働で検討し、
避難所開設後の運営主体は住民が行う。

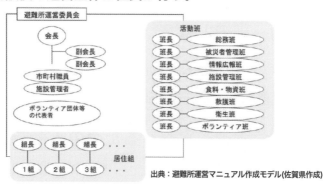

出典：避難所運営マニュアル作成モデル(佐賀県作成)

前提条件

・最大震度7により町内で多数の家屋に被害が発生

・自宅が被災したり、余震が気になる住民が避難を
　開始する。

・町内の被害が大きいため罹災状況の調査および
　罹災証明書の発行、仮設住宅等への入居等も含め、
　避難生活が長期にわたる可能性がある。

検討1 大まかなレイアウト　居

建物(室内)平面図を用いて以下を検討しましょう。
①男子トイレ→青色●シール、女子トイレ→赤色●シール、
　バリアフリートイレ→緑色●シール
　を貼りましょう。

②居住スペース
　→緑色マーカーでその範囲を囲ってください。

③事務局・本部運営スタッフが使用するスペース
　→紫色マーカーでその範囲を囲ってください。

④入口からの人の流れのイメージと居住スペースおよび
　事務局スペースの位置関係から避難者受付位置を決め、
　受付と記入してください。

検討2 避難者の受け入れ 居

このような災害発生時にどのような避難者が避難してくるでしょうか？
地域の現状も踏まえ、検討しましょう。
検討にあたっては事前に配布している避難者情報に記入しましょう。

避難者の一例)
- 介助が必要な高齢者
- 視覚・聴覚障害者
- 乳幼児のいる世帯
- 独身男性、独身女性
- ペット同伴の避難者
- 外国人（日本語で会話できるか等）
- 発熱症状のある避難者等

受付番号：	地域(自治会)：
世帯番号：	

氏　名：＿＿＿＿＿＿＿＿＿（年齢　歳）

自宅：全壊　半壊　一部損壊　床上浸水　床下浸水 (該当に○)

特記事項(該当に ☑)

☐病気(呼吸器系　循環器系) ☐怪我

☐妊産婦　　☐要介護　　　☐医療機器使用

☐障がい者(身体　精神　療育(発達障害等))

☐アレルギー(食物：卵)

☐その他(　　　　　　　　　　　)

検討3 詳細なレイアウト 居

以上の避難者の状況を踏まえ
①必要があれば検討1のレイアウトの修正と追加修正してください。
　指定例
　女性更衣室・授乳スペース→ピンク色マーカー、
　介護者専用スペース→黄色マーカー、子どもの遊び部屋→茶色マーカー、
　　相談窓口→ 窓口

　②居住スペース内の仕切り等はどうしますか？
　　仕切る位置を黒線で引きましょう。
　　仕切る部材はダンボールですか、カーテン方式ですか？

　②その他として
　　掲示板の位置、配給・(必要があれば)配食の位置を記入して
　　ください。

検討4 炊き出し、トイレ等 食 什

敷地図用いて以下の位置を検討してください。

①避難所運営に関わる車両の駐車スペース
　※歩行者の安全、排気ガス等に配慮してください。

②住民、ボランティアによる炊き出しスペース
　→オレンジ色のマーカーで範囲を記載

③仮設トイレの設置位置
　青色●シール（男性用トイレ）
　赤色●シール（女性用トイレ）等
　※水および排水との関係を考慮

④その他付帯すべきものについての確認と検討
　例）洗濯スペース、自衛隊による仮設風呂、
　　　一時的なボランティア団体による炊き出しや奉仕作業
　　　などのスペースをマーカー（色は任意）で囲みます。

検討5 連携、協力相手

円滑な避難者の受け入れ、避難所の運営を行うためには
みなさん(地域・自主防災組織)と役場職員以外で
連携や協力が必要な相手とは？
また、関係者との運営の大まかな手順を受付設営から検討
しましょう。

運営順を列挙

時間

検討6 必要な備品、消耗品 什

検討2で収容した避難者に対する円滑な運営に必要な備品や
消耗品には何が必要でしょうか？

必要な備品、消耗品を付箋紙に記入して該当する場所に貼りま
しょう。あるいは地図に直接記入しましょう。

備品の例
・ホワイトボード、拡声器・・・

消耗品の例
・マーカー、模造紙、名札入れ・・・

避難所運営訓練までの道のり

今回の検討結果を踏まえの一例、
・運営組織の見直し、検討
・運営手順の精査
・計画・マニュアルの見直し、作成
・避難所運営のための実働訓練を実施

著者略歴

瀧本浩一　（山口大学大学院 創成科学研究科　准教授）
　　　　　（総務省消防庁消防大学校　客員教授）

1965年福岡県生まれ。工学博士。専門は防災教育、防災とまちづくり。青森県防災アドバイザー、佐賀県総合防災アドバイザー、広島県防災減災アドバイザー、瀬戸内市市政戦略アドバイザー、島原市防災アドバイザーなども務める。

国土交通省社会資本整備審議会 河川分科会 専門委員、消防庁災害時要援護者の避難対策に関する検討会　委員、消防庁消防団員の確保方策等に関する検討会　委員、広島県強靱化地域計画検討委員会 委員、などを多数務める。

また、NHKや民放、地元コミュニティーFMラジオのレギュラーコーナーを担当。年間約100箇所を超える住民や自治体職員、消防団、民間企業を対象とした防災講演・防災研修が認められ、平成18年度総務省防災まちづくり大賞：消防庁長官賞受賞など多数の受賞歴あり。

個人のホームページ　https://takimoto.localinfo.jp/

著書に「土砂災害と防災教育―命を守る判断・行動・備え―」（共著）（朝倉書店）、ラポムブックス「地震なんかに負けない！幼稚園・保育園・家庭防災ハンドブック」―子どもの命を守るための防災マニュアル（共著）（学研）、また監修本として学研まんが新ひみつシリーズ「地震のひみつ」（学習研究社）がある。

コパ・ブックス発刊にあたって

　いま、どれだけの日本人が良識をもっているのであろうか。日本の国の運営に責任のある政治家の世界をみると、新聞などでは、しばしば良識のかけらもないような政治家の行動が報道されている。こうした政治家が選挙で確実に落選するというのであれば、まだしも救いはある。しかし、むしろ、このような政治家こそ選挙に強いというのが現実のようである。要するに、有権者である国民も良識をもっているとは言い難い。

　行政の世界をみても、真面目に仕事に従事している行政マンが多いとしても、そのほとんどはマニュアル通りに仕事をしているだけなのではないかと感じられる。何のために仕事をしているのか、誰のためなのか、その仕事が税金をつかってする必要があるのか、もっと別の方法で合理的にできないのか、等々を考え、仕事の仕方を改良しながら仕事をしている行政マンはほとんどいないのではなかろうか。これでは、とても良識をもっているとはいえまい。

　行政の顧客である国民も、何か困った事態が発生すると、行政にその責任を押しつけ解決を迫る傾向が強い。たとえば、洪水多発地域だと分かっている場所に家を建てても、現実に水がつけば、行政の怠慢ということで救済を訴えるのが普通である。これで、良識があるといえるのであろうか。

　この結果、行政は国民の生活全般に干渉しなければならなくなり、そのために法外な借財を抱えるようになっているが、国民は、国や地方自治体がどれだけ借財を重ねても全くといってよいほど無頓着である。政治家や行政マンもこうした国民に注意を喚起するという行動はほとんどしていない。これでは、日本の将来はないというべきである。

　日本が健全な国に立ち返るためには、政治家や行政マンが、さらには、国民が良識ある行動をしなければならない。良識ある行動、すなわち、優れた見識のもとに健全な判断をしていくことが必要である。良識を身につけるためには、状況に応じて理性ある討論をし、お互いに理性で納得していくことが基本となろう。

　自治体議会政策学会はこのような認識のもとに、理性ある討論の素材を提供しようと考え、今回、コパ・ブックスのシリーズを刊行することにした。COPAとは自治体議会政策学会の英略称である。

　良識を涵養するにあたって、このコパ・ブックスを役立ててもらえれば幸いである。

自治体議会政策学会　会長　竹下　　譲

COPABOOKS
自治体議会政策学会叢書
第6版
地域防災とまちづくり
―みんなをその気にさせる災害図上訓練―

発行日	初刷2008年5月9日	
	第6版2023年2月1日	
著 者	瀧本　浩一	
監 修	自治体議会政策学会 ©	
発行人	片岡　幸三	
印刷所	今井印刷株式会社	
発行所	**イマジン出版株式会社**	

〒112-0013　東京都文京区音羽1-5-8
電話　03-3942-2520　FAX　03-5227-1826
http://www.imagine-j.co.jp

ISBN978-4-87299-926-6　C2031　￥1200E